인생
복리의
법칙

느려 보이지만 세상에서 가장 빠른 지름길!

인생 복리의 법칙

정석원 지음

트러스트북스

본격적인 이야기를 시작하기 앞서

'복리'라는 말은 누구나 한 번쯤 들어봤을 겁니다. 단리는 원금에만 이자가 붙지만, 복리는 원금뿐만 아니라 원금의 이자에도 계속 이자가 붙기에 처음에는 별 것 아닌 것 같지만 시간이 흐를수록 그 차이가 벌어지는 결과로 나타나게 됩니다.

가치투자의 대가大家이자 전설적인 투자가의 대표 아이콘으로 여겨지는 버크셔 해서웨이의 회장 겸 CEO 워런 버핏은 복리 효과를 통해 자산 가치를 높이는 전략을 중요하게 생각했으며, 그의 재산의 90%는 65세가 넘어서 벌었다고 합니다. 기존에 축적해 왔던 여러 투자 활동들이 이어지다 어느 순간 최고의 수익률을 시현한 것이지요.

이렇듯 경제 분야에서 복리는 매우 중요한 법칙으로 강조되고 있습니다. 복리의 개념은 경제에만 국한되지 않습니다. 우리 인생을 놓고 봐도 복리는 많은 시사점과 교훈을 줍니다.

아인슈타인은 복리를 '세계 8대 불가사의'라고 지칭하며, "복리를 이해하는 사람은 그 효과를 얻어내고 모르면 대가를 치른다"고 말한 바 있습니다. 챗GPT를 만든 샘 올트먼도 성공 비결 중 첫째로 "당신 스스로를 복리로 만들라"라는 이야기를 남겼습니다.

그러면 인생에 있어서 복리의 법칙은 과연 어떤 의미일까요?

성공한 사람들을 보며 그 비결에 관한 여러 가지 분석이 나오지만, 정작 우리가 듣고 싶은 '진짜 비결'은 쉽사리 파악되지 않습니다. 심지어 성공한 당사자조차 말로는 이러 저러한 성공담을 설파하고는 결국 "저도 제가 어떻게 성공했는지 한 마디로 요약하긴 힘듭니다"는 힘 빠지는 결론을 내고는 합니다. "운이 좋아서, 하다 보니 어쩌다"라는 답변이 많죠.

제 경우도 크게 돈을 번 것은 아니지만 감사하게도 지금 하고 있는 일을 손에서 놓더라도 향후 생계에 걱정이 없는 수준까지는 도달해 있습니다. 저도 지난 시간을 돌아보면 대박을 맞았거나 크게 성공한 기억이 없습니다. 그저 평범한 사회인의 삶을 살아왔을 뿐인데 그냥 하다 보니 살 만한 지경에 도달해 있습니다. 누군가 저에게 성공의 비결을 물어도 사실 제가 할 수 있는 말은 많지 않습니다. 그저 고개만 갸웃거릴 뿐이지요.

여기서 인생복리 법칙에 대한 중요한 단서를 말씀드릴까 합니다. 바로 '○○을 하다 보니'라는 표현입니다. 투자 분야에서 원금에 이자가 계속 붙어나가는 복리처럼 인생 복리의 경우는 그저 꾸준히 ○○를 하다 보니 삶의 경험과 공부들이 하나씩 순차적으로 쌓여가다가, 시간의 흐름을 뛰어넘어 어느 한순간에 폭발적으로 한 사람의 삶을 반석 위에 올려놓는 과정이라고 생각합니다.

영화라면 극적인 장면과 클라이맥스가 있어야 하겠지만, 인생은 그런 흥미로운 전개가 없이도 잔잔한 복리만으로 성공 스토리를 쓸 수 있습니다.

혹시 빠른 결과를 바라는 분이라면 이 책은 맞지 않습니다. 안타깝게도 저는 빠르게 성공하는 법을 알지 못하고, 어떤 길이 확실한 성공의 길인지도 전혀 모릅니다.

다만 저는 삶의 원금을 잃지 않고, 꾸준히 삶의 원금에 이자를 붙여 나갈 수 있는 여러 가지 방법과 생각들에 대해서 말씀드리고자 합니다.

저는 이 책을 통해 우리가 평소에 접하던 삶의 단면들에 대한 새로운 통찰을 제공하고자 하며, 자신만의 인생 복리 법칙을 찾아가는 데 도움이 되는 다양한 생각의 도구를 준비해 보았습니다.

느려 보이지만 사실은 가장 빠르고, 겉은 답답해 보이지만 속은 혁명적인 복리의 놀라운 효과를 여러분의 인생으로 증명해 내는 날이 오기를 바랍니다. 주변 사람들로부터 "언제 이렇게 성장했어?" 하는 말을 들을 수 있도록 묵묵히 걸어가시기 바랍니다.

어제도 했고, 오늘도 하고 있고, 내일도 할 당신의 작은 실천이 어느 순간 폭발적으로 빛을 발하는 시기가 반드시 오리라 확신합니다.

이제 인생 복리를 위한 이야기를 시작하겠습니다.

정석원

차례

본격적인 이야기를 시작하기 앞서 _____ 4

1부 성장을 위한 방법

1장 **주체적인 삶 ①** - 남에게 끌려 다니지 않는 법 _____ 14
2장 **주체적인 삶 ②** - 근본적인 선택을 하는 법 _____ 17
3장 **주체적인 삶 ③** - 삶의 주인이 되는 법 _____ 21
4장 **주체적인 삶 ④** - 자신을 존중하는 법 _____ 25
5장 **주체적인 삶 ⑤** - 책임을 지는 법 _____ 28
6장 **주체적인 삶 ⑥** - 휩쓸리지 않는 법 _____ 31
7장 **덜어내기 ①** - 중요한 것을 찾는 법 _____ 34
8장 **덜어내기 ②** - 해야 할 일을 찾는 법 _____ 37
9장 **덜어내기 ③** - 자신을 위한 시간을 얻는 법 _____ 40
10장 **덜어내기 ④** - 낭비하지 않는 법 _____ 43
11장 **자신에 대한 믿음 ①** - 자신을 돌보는 법 _____ 46
12장 **자신에 대한 믿음 ②** - 자신을 정의하는 법 _____ 49
13장 **자신에 대한 믿음 ③** - 기적을 이루는 법 _____ 52
14장 **자신에 대한 믿음 ④** - 원하는 것을 실체화하는 법 _____ 55
15장 **객관적으로 보기 ①** - 진실에 다가가는 법 _____ 58
16장 **객관적으로 보기 ②** - 자신을 파악하는 법 _____ 61
17장 **객관적으로 보기 ③** - 문제해결을 시작하는 법 _____ 64
18장 **객관적으로 보기 ④** - 목적지에 도달하는 법 _____ 67
19장 **객관적으로 보기 ⑤** - 현실을 직시하는 법 _____ 70
쉬어가는 이야기 ① _____ 73

2부 변화를 일으키는 법

20장 **잡다하게 해봐야 한다** ① - 상황의 변화에 준비하는 법	76
21장 **잡다하게 해봐야 한다** ② - 미래 위험을 회피하는 법	79
22장 **잡다하게 해봐야 한다** ③ - 다양한 인연을 만드는 법	81
23장 **잡다하게 해봐야 한다** ④ - 길이 막혔을 때 개척하는 법	84
24장 **잡다하게 해봐야 한다** ⑤ - 감당할 수 있을지를 판단하는 법	87
25장 **자신을 한정 짓지 않는다** ① - 타인의 의견을 듣는 법	91
26장 **자신을 한정 짓지 않는다** ② - 직업이나 직책에 얽매이지 않는 법	94
27장 **자신을 한정 짓지 않는다** ③ - 지레짐작을 막는 법	97
28장 **자신을 한정 짓지 않는다** ④ - 미래를 준비하는 법	100
29장 **새로운 것 접하기** ① - 변화를 위한 실질적 방법	104
30장 **새로운 것 접하기** ② - 삶을 돌아보는 법	107
31장 **새로운 것 접하기** ③ - 자신의 본질을 아는 법	110
32장 **새로운 것 접하기** ④ - 무기력증을 극복하는 법	113
33장 **새로운 것 접하기** ⑤ - 환경을 바꾸는 법	116
쉬어가는 이야기 ②	119

3부 성공을 부르는 방법

34장 **인생 복리의 법칙** ① - 결국 성공에 이르는 법	122
35장 **인생 복리의 법칙** ② - 인생의 종잣돈을 만드는 법	125
36장 **인생 복리의 법칙** ③ - 삶의 차이를 만드는 법	129
37장 **인생 복리의 법칙** ④ - 성장을 극대화하는 법	132
38장 **인생 복리의 법칙** ⑤ - 쌓아가는 법	135
39장 **관리의 중요성** ① - 돈을 모으는 법	138
40장 **관리의 중요성** ② - 돈을 잃지 않는 법	141
41장 **관리의 중요성** ③ - 성공을 유지하는 법	145
42장 **관리의 중요성** ④ - 가진 것을 지키는 법	148

43장 **관리의 중요성 ⑤** - Passive Income _____ 151

44장 **준비하는 삶 ①** - 수업료를 줄이는 법 _____ 154

45장 **준비하는 삶 ②** - 싸우지 않고 이기는 법 _____ 157

46장 **준비하는 삶 ③** - 삶의 디딤돌을 만드는 법 _____ 160

47장 **준비하는 삶 ④** - 시기를 놓치지 않는 법 _____ 163

48장 **준비하는 삶 ⑤** - 약자가 살아남는 법 _____ 166

쉬어가는 이야기 ③ _____ 169

4부 한계를 돌파하는 방법

49장 **자신만의 용기 ①** - 두려움을 이기는 법 _____ 172

50장 **자신만의 용기 ②** - 부조리에 저항하는 법 _____ 175

51장 **자신만의 용기 ③** - 포기할 수 있는 법 _____ 178

52장 **자신만의 용기 ④** - 그만두는 법 _____ 181

53장 **자신만의 용기 ⑤** - 세상에 맞서 싸우는 법 _____ 184

54장 **질문하기 ①** - 원인을 파악하는 법 _____ 187

55장 **질문하기 ②** - 경험을 성공으로 바꾸는 법 _____ 190

56장 **질문하기 ③** - 상황을 정리하는 법 _____ 193

57장 **질문하기 ④** - 상황에 맞게 접근하는 법 _____ 196

58장 **버티기 ①** - 경험치를 쌓는 법 _____ 200

59장 **버티기 ②** - 결국 성공에 이르는 법 _____ 203

60장 **버티기 ③** - 위기를 극복하는 법 _____ 206

61장 **버티기 ④** - 일정 수준에 도달하는 법 _____ 209

62장 **버티기 ⑤** - 그래도 나아지는 법 _____ 212

63장 **미래를 바라보는 삶 ①** - 과거에 얽매이지 않는 법 _____ 215

64장 **미래를 바라보는 삶 ②** - 현재를 사는 법 _____ 218

65장 **미래를 바라보는 삶 ③** - 걱정을 줄이는 법 _____ 221

66장 **미래를 바라보는 삶 ④ - 털어버리는 법** _____ 224
쉬어가는 이야기 ④ _____ 227

5부 타인의 힘을 얻는 방법

67장 **겸손한 마음가짐 ① - 지식을 얻는 출발점** _____ 230
68장 **겸손한 마음가짐 ② - 자신감에 근거한 태도** _____ 233
69장 **겸손한 마음가짐 ③ - 꼰대에서 벗어나는 법** _____ 236
70장 **겸손한 마음가짐 ④ - 사람의 마음을 얻는 법** _____ 239
71장 **베푸는 삶 ① - 자신의 가치를 높이는 법** _____ 242
72장 **베푸는 삶 ② - 건강하고 행복하게 사는 법** _____ 245
73장 **베푸는 삶 ③ - 더 큰 이득을 얻는 법** _____ 248
74장 **베푸는 삶 ④ - 인생의 보험을 드는 법** _____ 251
75장 **상대방의 입장에서 생각하기 ① - 자신의 오류를 방지하는 법** _____ 254
76장 **상대방의 입장에서 생각하기 ② - 소통을 잘하는 법** _____ 257
77장 **상대방의 입장에서 생각하기 ③ - 기회를 얻는 법** _____ 260
78장 **상대방의 입장에서 생각하기 ④ - 타인을 설득하는 법** _____ 263
79장 **가식적인 삶 ① - 있어 보이는 법** _____ 266
80장 **가식적인 삶 ② - 힘든 마음을 내색하지 않는 법** _____ 269
81장 **약자가 살아남는 법 ① - 도덕책의 삶** _____ 272
82장 **약자가 살아남는 법 ② - 사람 가려 만나기** _____ 275
83장 **약자가 살아남는 법 ③ - 자존심 내려놓기** _____ 278
84장 **약자가 살아남는 법 ④ - 조급해 하지 말 것** _____ 281
85장 **약자가 살아남는 법 ⑤ - 자신에 대한 위로는 그만!** _____ 284
86장 **약자의 롤모델 ① - 들장미 소녀 캔디(항상 긍정적인 모습)** _____ 287
쉬어가는 이야기 ⑤ _____ 290

1부

성장을 위한 방법

1장

주체적인 삶 ①
남에게 끌려 다니지 않는 법

홀로 서라. 누군가 그대의 삶을 더 풍부하게 만들어주기를 바라는 것,
그것은 그대를 더욱 불안한 상태로 몰아넣을 뿐이다.

- 그라시안

뉴스나 언론을 보면 사이비 종교에 빠져 자신의 마음과 재산을 다 바치거나, 사기꾼의 사기행각에 빠져들어 커다란 금전적 손실을 겪은 사람들의 이야기를 어렵지 않게 접할 수 있다. 제3자의 눈으로 보면 '어떻게 저런 허술한 사기행각에 당할 수 있는가?' 하는 의문이 들지만 의외로 많은 사람들이 사기범죄에 고통 받는 실정이다.

꼭 사기로 인한 피해가 아니더라도 타인의 의견을 듣고 행동하다 손해를 보는 경우도 비일비재하다. 증권전문가라는 사람의 유튜브 영상을 보고 주식에 투자했다가 깡통을 차는 경우, 무슨 자격증이 좋다고 하니 시간과 돈을 투자해서 공부를 해보았지만 알고 보니 전혀 쓸데없는 자격증이었다는 이야기 등, 피해 사례는 매우 다양하고 광범위하다.

왜 우리는 남의 말을 듣고 행동하거나, 자신의 의지와는 상관없이 타인에게 질질 끌려다니고는 하는 걸까? 그것도 자주. 사기꾼들이 우리 마음의 약한 면을 능수능란하게 잘 파고들기 때문일까? 아니면 남들이 좋다고 하는 것을 하지 않으면 뒤처질 듯한 불안 때문일까? 근본적인 원인은 '나의 문제를 남이 해결해 주기를 바라는 마음'이 아닐까 싶다.

'의존성 인격장애'라는 말이 있다. 위키백과는 이 말을 이렇게 정의한다. '의존성 인격장애는 타인에게 여러 면에서 심리적으로 의존하는 것을 특징으로 하며, 이는 자신의 정서적 신체적 욕구를 충족하기 위하여 타인에게 의존하는 심리를 의미한다.'

의존성 인격장애의 대표적인 증세로는 '남에게 의존하려는 욕구가 매우 강하고 자신이 스스로 내려야 할 결정을 남에게 맡겨버리고 남이 시키는 대로 따라서 하는 역할에 만족한다'가 있다. 어디서 많이 들어본 이야기 아닌가? 일부 사람들의 경우 마치 자신의 내면을 들킨 것처럼 가슴이 뜨끔할 것이다.

문제를 해결하는 데 있어서 타인의 도움은 분명 필요하다. 당연히 받아야 하고 받으려고 노력해야 한다. 세상에서 혼자 해결할 수 있는 문제는 그다지 많지 않기 때문이다. 타인의 조언을 참고하고, 곁눈질로 '남들은 어떻게 하나?' 참고할 수도 있다.

그러나 남에게만 의존해서 해결되는 문제는 절대 존재하지 않는다. 직면한 문제를 해결할 수 있는 주체는 오직 자신뿐이다. 문제에 대한 최종 책임자도, 문제를 해결하여 '상황을 종료시킬 수 있는 사람'도 나 자신뿐이다.

"말을 물가에 데려갈 수는 있지만 물을 먹일 수는 없다"는 말이 있다. 문제를 해결함에 있어 타인에게 수많은 도움을 받을 수 있겠지만, 하나의 과정을 완수해 내는 것은 자신뿐이다. 타인에게 자신의 결정권(마무리하는 기회)을 넘겨버린다면 결국 내게 남는 것은 아무것도 없을 테고, 나를 괴롭히던 문제는 그 모습 그대로 남을 것이다. 그러다 보면 결국 남들에게 이용당하고 속게 되는 것은 시간문제다.

자신의 문제에 책임을 지고 그에 따라 행동한다는 것은 무척 힘들고 고통스러운 과정임은 분명하다. 그래서 많은 사람들이 자신의 문제를 남에게 떠넘기고 해결을 기대하는 것일지도 모른다. 하지만 우리가 가는 삶의 길은 남에게 의존할 수도 없고 의존해서도 안 된다. 왜냐하면 누구도 대신할 수 없는, 오로지 나만이 홀로 걸어갈 수 있는 내 삶의 길이기 때문이다.

나의 주체적인 결정으로 삶의 길을 갈 경우, 미래에 어떤 결과를 맞닥뜨릴지 알 수 없다. 그렇다 하더라도, 최소한 타인이 짜놓은 그물에서는 벗어나지 않을까.

One More Point.

내 인생의 도화지는 내가 직접 그린 그림들로 형형색색 채워가야 한다. 객관적인 평가는 그리 중요하지 않다. 내 손끝에서 나온 그림, 그게 바로 명작이다.

2장

주체적인 삶 ②
근본적인 선택을 하는 법

당신이 할 수 있다고 믿든, 할 수 없다고 믿든, 당신이 옳다.
- 헨리 포드

 프랑스의 유명한 실존주의 철학자이자 소설가인 장 폴 사르트르는 "인생은 B와 D 사이의 C"라고 말했다. 인생이란 출생Birth과 죽음Death 사이의 선택Choice들이다. 인간은 태어나서 죽는 순간까지 끊임없이 선택을 내리며 산다. 즉, 인생은 선택의 연속이다. 그런데 '지금 내가 내린 선택이 맞는가?' 하는 의문이 들 때가 있다. 불행하게도 대부분의 사람들은 자신이 한 선택이라고 믿지만 사실은 남들이 짜놓은 틀 안에서만 움직이고 있을 뿐이다.

 여기 대한민국의 한 고등학생이 있다. 어른들로부터 가끔 "너는 커서 무엇을 하고 싶니?" 하는 질문을 받지만 이 학생은 아직 자기가 무엇을 하고 싶은지 선뜻 답변을 내놓지 못한다. 당장 앞에 입시가 닥쳐 있으니 일단 점수를 올리기 위한 공부를 할 뿐이다. 그리고 시험점수

결과에 맞추거나 남들이 좋다고 하는 한 대학의 특정 과에 입학한다.

일단 대학생은 되었는데, 이 학과가 나에게 맞는지 고민이 되기 시작한다. 그렇지만 일단 입학은 했고 남들이 좋다고 하니 학점과 스펙을 따는 데 집중한다. 마침내 졸업을 하고 수많은 거절의 아픔을 통과한 후 남들이 좋다고 하는 회사에 입사하게 된다. 일단 회사에 들어왔으니 업무를 하지만 '내가 상상하던 회사생활이 아닌데' 하는 의구심이 시작된다. 목구멍이 포도청이라고 어제와 오늘, 내일을 버티며 살아가지만 '내가 원했던 건 이게 아닌데', '내 인생이 이렇게 가도 되나?' 하는 생각의 짐들에 눌리다가 어느 순간, 결국 현타(현실자각타임)가 오고 만다.

개개인의 차이는 있겠지만 일반적인 직장인이 도달하게 되는 일련의 과정은 이와 같다. 과거에는 좋은 학교를 나와 좋은 직장에 들어가서 출세하면 그게 바로 성공한 인생이었다. 이 명제가 성립하는 그럴 만한 시대였다.

그러나 지금은 공부를 잘해서 좋은 대학이나 좋은 회사를 간다고 해서 성공한 인생이라고 할 수 없고, 공부를 못해서 대학이나 좋은 회사가 아닌 길을 간다고 해도 실패한 인생이라고 할 수 없는 시대가 되었다.

사회의 규칙이 변하고 있다. 과거 같으면 상상도 할 수 없었던, 자신이 선택한 길이 그 무엇이든 간에 책을 쓰던, 만화를 그리던, 춤을 추던 자신의 선택 하에 능력을 펼쳐낼 수만 있다면 타인의 인정을 받는 시대가 온 것이다. 하지만 과거의 틀에 맞추어 남들이 좋다고 하는 의견에 함몰되어 자신만의 선택을 미루고 있다면, 시대에 적응하지 못한 사람으로만 남을 뿐이다.

'현대 경영학의 아버지'로 불리는 피터 드러커는 이렇게 말했다.

"몇백 년 후에 장기적인 관점에서 우리가 사는 지금 이 시기를 바라볼 때, 미래의 역사가들이 주목할 가장 중요한 현상은 신기술도 아니고, 인터넷도 아니고, 전자상거래도 아닐 것이다. 인류 역사상 처음으로 사람들은 스스로 자기 삶을 관리해야 하는 상황에 부닥치게 되었는데, 우리 사회는 이와 같은 상황에 대한 준비가 전혀 되어 있지 않다."

우리는 이 사회가 좋다는 것에만 집중하여 그에 맞추어 살아왔다. 결코 삶을 등한시하지 않았고 매 순간 노력을 게을리하지 않았다. 하지만 온전히 자신의 생각 하에 자기 삶의 방향을 결정하는 데에는 치열함이 없었던 것이 사실이다. 우리의 삶 속에서 선택이라는 것은 결과를 미리 알 수 없기에 무엇이 좋고 무엇이 나쁜지, 선택하는 시점에서는 알 수가 없다. 하지만 근본적인 선택은 할 수 있다고 생각한다. 근본적인 선택이란 오롯이 자신이 생각하고 자신의 의사가 기반이 된 와중에 내리는 선택이라고 정의해 본다.

남들이 좋다고 해서 중심 없이 하는 선택보다는 나 자신의 의지로 실행한 선택! 어쨌든 간에 내가 내린 선택이니 책임도 내가 질 수밖에 없지만, 일이 잘못되더라도 후회가 조금 덜하지 않을까? 내가 결정한 삶의 방향에서 그 과정이 힘들어도 버텨내는 힘이 생기지 않을까 하는 기대도 동시에 해본다.

One More Point.

내 의지로 결정한 선택에는 후회는 있을지언정 '탓'은 없다. 탓이 없다면 실패로 인한 후퇴의 상황에서도 진전은 있다. 탓이 없기에 뚝딱뚝딱 자신을 고칠 기회로 삼으면 된다.

3장

주체적인 삶 ③
삶의 주인이 되는 법

―

자신의 길을 가라. 다른 사람의 길을 따라가면 절대 자신이 될 수 없다.

-니체

    언제부터인지는 알 수 없으나 아주 오래전부터 "삶의 주인이 돼라"는 격언이 유행처럼 퍼져 있다. 그러면서 등을 토닥이며 이렇게 이야기한다. "당신의 운명은 당신만의 것이니 나아가서 쟁취하라!"

    삶의 주인이 된다는 것은 어떤 의미일까? 여러 가지로 정의 내릴 수 있겠지만 '다른 사람의 기준에 얽매이지 않고 자신의 의지대로 자유롭게 사는 것' 또는 '자신이 나아갈 방향을 자신이 결정하는 것' 등으로 요약할 수 있을 듯하다.

    '삶의 주인이 돼라!'

    참 가슴이 뛰는 멋진 선언이다. 그렇지만 현실은 내 마음대로 되는 것은 하나도 없고 주변에서 일어나는 어쩔 수 없는 상황에 순응해야만 하는 일상이 내내 이어진다. 내 삶의 주인이 될 기회는 언제 오는가?

중국 당나라 시대 임제臨濟 선사의 언행을 기록한《임제록 臨濟錄》에는 수처작주 입처개진隨處作主 立處皆眞이라는 말이 나온다. '어느 곳에 서든지 주인이 되라, 지금 있는 그곳이 모두 진리이다'는 뜻으로, 어떤 상황에 처해 있더라도 주체적으로 살아가면 있는 그곳이 진리의 자리에 이른다는 말이다. 그러면 주체적으로 산다는 것은 어떤 의미일까? 하나의 예시를 들어보겠다.

한국 프로야구사 전설 중 한 명으로 평가 받는 해태 타이거즈(현 기아 타이거즈)의 김성한 선수. 그는 실력도 출중했지만 엉덩이를 뒤로 내민 상태로 타격을 하는, 기상천외한 '오리궁뎅이 타법'으로 유명세를 치렀다. 실제로 오리궁뎅이 타법은 유독 스윙 스피드가 느렸던 김성한 선수가 자신의 약점을 보완하기 위해 연구에 연구를 거듭한 끝에 완성한 타법으로 김성한 선수는 이를 통해 국내 프로야구 역사에 자신의 이름을 당당히 새겼다.

현대의 기준뿐만 아니라 과거의 기준으로 보아도 김성한 선수의 타법은 실전에서 통용될 수 없는 모습이었다. 그래서 주변에서는 그의 타격 자세를 교정하기 위해 수많은 시도를 했다고 한다. 만약 김성한 선수가 주위의 조언을 받아들여 자신의 타법을 교정했다면, 우리가 아는 전설은 존재하지 않았을지도 모른다. 비록 주위의 인정을 얻지 못하는 조금은 우스운 자세였으나 자신의 자리에서 주체적으로 자신의 타법을 믿고 밀고 나간 결과 범인이 범접하기 어려운 자리에 오른 것이다.

내가 어떤 방향을 정하고 나만의 방법으로 길을 가기로 결정했을 때, 출발선부터 타인의 온갖 조언과 충고가 쏟아져 들어올 수 있다. 정작 나는 첫발을 내딛지도 않았는데, 방향과 속도에 대한 이야기가 넘쳐나는 것이다. "너 그렇게 하다가 실패한다", "더 좋은 방법이 있어", "성공한 사람들은 이렇게 한다더라!" 당연히 주위의 조언은 경청할 만한 가치가 있다. 그렇지만 단지 변화를 시도해 보겠다고 타인의 방법이 좋아 보여서 혹은 타인들이 이렇게 하면 된다는 이야기에 현혹되어 자신의 의지나 판단에 근거하지 않은 시도를 하게 된다면, 결국 원점으로 돌아가고 마는 '안 하느니만 못한 결과'가 발생할 수도 있다. 실제 내가 이걸 왜 하고 있는지 스스로도 알지 못해 길을 잃고 마는 경우가 허다하다.

나에게 무엇이 가장 좋은지는 나 자신이 가장 잘 안다. 잘 알기에 내가 어려운 상황에 있다고 할지라도 자신만의 주체적인 생각과 방법을 계속 연마하는 한 우리는 남들이 방해할 수 없는 나만의 자리(마음의 공간)를 가지게 될 것이다. 이를 통해 적어도 내가 있는 곳에서 '삶의 주인'이 될 수 있을 것이라 생각한다.

그리고 삶의 주인이 되기 위해서는 나 자신을 믿어야만 한다. 우리는 우리가 의식하던 의식하지 않든 간에 삶의 길을 걸어가기 위한 자신만의 의지와 방법을 보유하고 있다. 내 방법으로 길을 가고 있는데 때로는 자꾸만 다른 사람들이 나를 추월해 간다. 그럴 때 '내 생각과 방법이 맞는가?' 하는 자괴감이 들 때가 분명 있을 것이다. 그러나 나 자신을 믿고 계속 가야 한다. 하늘이 낸 천재가 아니라면 보통의 사람들과 나와의 역량 간에는 큰 차이가 없다. 시간이 걸릴 뿐이지 나의 방법으로 나를 앞서간 사람들을 따라잡을 수 있고 곧 역전할 수도 있으니 포기하지 말고 나만의 길을 가야 한다.

삶의 주인이 거창한 개념일까? 힘들어도 남들이 뭐라고 하던 나만의 방법으로 나의 길을 가고 있다면 그것이 곧 삶의 주인이 됐음을 증명하는 것이 아닐까. 그리고 덤으로 삶의 주인이 되는 길을 걷다 보면 내가 원하던 또 다른 무엇도 함께 따라올 것이라고 믿는다.

One More Point.

인생은 판매용이 아닌 소장용이다. 진열대에 아름답게 꾸미는 것보다 더 중요한 일은, 누구도 터치할 수 없는 내 마음 한가운데 영원히 보관하는 것이다.

4장

주체적인 삶 ④
자신을 존중하는 법

"신화는 여러분의 인생을 책임져주지 않습니다."
-신화 김동완

    한국 대표 뮤지션인 방탄소년단(BTS)이 유니세프UNICEF와 함께 'LOVE MYSELF' 캠페인을 진행한 적이 있다. '자신을 먼저 사랑하고, 그 사랑으로 세상을 더 나은 곳으로 만들자'는 의미를 지닌 이 캠페인은 4년 이상 운영되었다.

    글로벌 아티스트인 BTS는 세계 어디서나 팬들이 구름떼처럼 따른다. 대부분은 BTS를 존중하고 사랑하지만 가끔 사생팬 문제가 대두되기도 한다. 자신의 삶과 가치를 다 버린 채 맹목적으로 BTS를 과도하게 추종하는 사생팬을 바라보면서 비난보다는 안타깝다는 생각이 앞선다. 아무리 BTS라고 해도 자기 자신보다 소중할 리 없을 텐데 그 사생팬들을 보면, 자신을 존중하거나 사랑하지 않는 사람들이라는 생각이 든다. 심지어 BTS가 세상과 팬들을 향해 '자신을 사랑하라!'라는 메시지를 보냈는데도 불구하고 말이다.

자신에 대한 사랑과 존중이 부족한 것은 사생팬만의 문제는 아니다. 우리 가운데 일부는 자신에 대한 존중보다는 자기비하에 빠져 사는 경우가 더 많기 때문이다.

자아존중감Self-Esteem이란 개념은, 자신이 사랑받을 만한 가치가 있는 소중한 존재이고 어떤 성과를 이루어낼 만한 유능한 사람이라고 믿는 마음을 의미한다고 한다. 자신에 대한 존중이 바탕이 되면 자신의 삶에 주체적으로 임하는 것도 가능해진다. 하지만 남이 하는 대로 따라 하거나, 자신의 선택을 남에게 맡기는(타인에게 매달리는) 행동을 하는 사람들은 자기비하 성향이 강해 스스로 길을 개척하지 못하는 상황에 놓여 있다.

자기비하는 자신의 능력이나 위상을 낮게 평가하고 스스로 경멸하는 행위를 의미한다. 남들로부터 들려오는 "당신 이렇게 해서 되겠어?"라는 말보다 내가 자신에게 '내가 되겠어?' 하는 자기비하의 말이 삶의 주도적인 선택을 방해하는 더 큰 요인으로 작용한다.

주체적인 삶은 자신에게 만족하는 삶을 의미한다. 자신을 사랑하고 자신의 선택에 만족한다면, 스스로 과장할 필요도 없고, 다른 사람의 참견이나 평가에 연연하지 않을 수 있다. 그렇게 되면 남들이 뭐라고 하던 자신만의 페이스를 유지할 수 있고, 오히려 남들이 좋다는 방법을 무작정 따르기보다 자신의 방식으로 돌파해 나가는 것이 오히려 삶의 목표에 더 빨리 가까워지는 나만의 비법으로 쌓여갈 것이다.

자신만의 삶을 이끌어 가고 싶은 마음은 누구나 가지고 있는 소망일 것이다. 그렇게 하려면 일단 타인의 시선에서 비롯되는 외부의 소음을 차단하고 자신의 강점과 자신을 인정하는 작업부터 시작해야 한다. 자신을 존중하는 자세가 확립되지 않으면, 타인의 참견이 들어왔을 때 반박 한번 못하고 타인의 의견이나 타인이 세운 기준에 맞추어 나의 생활방식을 정하게 되기 때문이다. 여태까지 우리가 벗어나지 못했던 타인이 만든 굴레에서 빠져나오지 못하고 다시 들어가게 되는 것이다.

반복적으로 이야기하지만, 주체적인 삶이란 삶의 방향과 가고자 하는 방법, 목표 등을 자신이 스스로 결정하는 것이다. 자신을 존중한다면서 자신에 대한 힐링의 개념이나 문제에 대한 회피로 이어져서는 곤란하다.

One More Point.

자신을 존중하고 사랑한다는 것은 '이렇게 살아도 괜찮아~'의 자기기만 개념이 아니다. 나만의 방식으로도 세상을 이겨나갈 수 있고 나 자신은 이미 세상에 맞설 충분한 능력을 보유하고 있다는 믿음이 바로 자기존중 또는 자기에 대한 사랑이다.

5장

주체적인 삶 ⑤
책임을 지는 법

무슨 일이 일어나더라도 책임은 모두 자신에게 있다는 사실을 명심하라.

-앤서니 로빈슨

우리는 개인적인 문제나 사회적 이슈가 발생하면 문제의 책임을 자신이 아닌 남의 탓으로 돌리는 데 익숙해져 있다. 책임을 전가할 뿐만 아니라, 원인을 사회 구조적인 문제로 취급하거나, 일부 권력을 쥐고 있는 인물들의 과오로 인해 발생한 어려움으로 취급하기도 한다. '정부가 정책을 잘 펼치지 못해서', '정치인들이 잘못해서', '기득권의 욕심이 과해서' 등의 비난이 종종 들리는데 약자일수록 외부 환경을 탓하는 경향이 강하다.

약자들은 흔히 외친다. "이미 우리 사회 자체가 희망이 없는데 노력은 해서 뭐하겠나, 이미 기득권이 모든 것을 다 쥐고 흔드는데 우리 같은 약자들에게 기회가 있겠나!" 하고 말이다.

하지만 이렇게 외쳐보았자 패배자들의 볼멘소리로만 취급되는 것이 현실이다. 현재 사회의 분위기는 한 사람의 실패를 개인의 책임으로 몰아가는 경향이 강하다. '당신이 기회를 포착하지 못해서!' '당신의 노력이 부족해서!' '당신이 나약하기 때문에!'라면서 '당신이 잘못 살았기 때문에 약자의 위치에 머물러 있는 것이다'라는 이야기가 당연시되고 있다. 그러기에 약자가 힘들다고 외쳐보았자 개인의 핑계로밖에 들리지 않는 것이다.

그렇지만 사회에 대한 약자들의 불만은 틀린 말이 아니다. 우리나라는 개인의 노력이 부족해서 실패하는 사회가 아니기 때문이다. 세계불평등연구소의 2007~21년 분석에 따르면, 우리나라가 경제협력개발기구(OECD) 회원국 가운데 소득 불평등이 가장 빠른 속도로 악화되고 있다고 한다. 평범한 월급쟁이가 저축만으로 서울에서 평균 가격의 아파트를 장만하려면 무려 76.5년이 걸린다는 분석도 있다. 상황이 이러하니, 약자의 사회환경 탓을 비난만 할 수는 없다.

그러나 약자일수록 자신의 어려움을 환경이나 외부요인으로 돌려서는 안 된다. 왜냐하면 문제의 원인을 외부로 돌리는 순간 약자에서 벗어나게 해줄 개인의 발전이 멈추기 때문이다. 문제를 환경 탓으로 돌리면 그 환경이 바뀌어야만 나의 상황도 개선되거나 바뀔 수 있다. 하지만 어떤가? 외부 환경이 내가 원하는 대로 바뀌는 데에는 많은 시간이 소요된다. 어쩌면 영원히 변하지 않을 수도 있다.

기득권층이 하루아침에 자신이 가졌던 것들을 내려놓고 사회에 헌신하기로 마음을 바꿀까? 그런 일은 일어나지 않는다. 여기서 우리가 주목해야 할 점은 외부 환경이나 타인에게 책임을 전가하면 해결되는 것은 아무것도 없다는 사실이다.

약자는 삭막한 사회를 향해 비난을 퍼부을 수 있다. 자신이 직면한 환경 때문에 푸념도 할 수 있다. 우리 사회가 그런 곳이니까. 그러나 약자가 자신의 처지를 개선하려면 외부에 대한 비난 대신 '내 인생은 내가 책임진다!'는 자세로 발전을 위해 정진해야만 한다. 약자라고 사회를 탓하며 게으름을 피우는 대신, 지금 하는 일을 계속하면서 한 걸음씩 발전해 나가야 한다.

지금은 비록 약자이지만 더 나은 일자리를 위해 공부하고, 하루하루의 삶을 살아내기 위해 악전고투하면서 노력하는 모습, 거기에 더 발전할 것이 없을까 고민하는 모습. 이런 모습으로 살아가고 있다면, 아주 잘하고 있다. 노력의 결실을 반드시 얻을 것이다.

One More Point.

시선을 외부가 아닌 자신에게만 집중해야 한다. 약자의 굴레에서 벗어나게 해주는 것은 자신뿐이다.

6장

주체적인 삶 ⑥
휩쓸리지 않는 법

인간은 다른 사람처럼 되고자 하기 때문에 자기 잠재력의 4분의 3을 상실한다.

-아르투어 쇼펜하우어

'팔랑귀'라는 표현이 있다. 남의 말에 쉽게 흔들리는 사람, 즉 줏대가 없어 별거 아닌 일에도 쉽게 혹해 어리석은 행동을 보이는 사람들을 뜻한다.

그러나 따지고 보면 누구나 팔랑귀 성향을 가지고 있다. 주위에서 무엇이 좋다, 어느 분야가 유망하다 하면 솔깃하며 마음이 움직이는 것은 인지상정이다. 그리고 사회적으로 힘이 약할수록 팔랑귀 성향이 더욱 강하게 나타날 수 있다.

다단계, 주식리딩방, 금전대여 사기 등의 피해자를 보면, 소위 있는 사람들보다는 흔히 말해 없는 사람들이 많다. 사회초년생, 소시민 등이 최대 피해자라는 뉴스를 자주 접한다. 조금만 주의하면 피할 수도 있었을 텐데 왜 약자들은 자꾸 피해를 입는 것일까?

마음이 항상 초조하기 때문이다. 현재의 상황을 빨리 탈출하고 싶지만 여의치 않다. 자신보다 저만치 앞서가는 사람들을 제치지는 못하더라도 빠른 시간 내에 따라잡고 싶은 마음도 간절하다. 그렇기에 '남이 좋다는 이야기'에 쉽게 현혹당한다. 그리고 매번 슬픈 결과와 맞닥뜨린다.

'뭐가 좋다는 이야기'는 옳은 선택을 방해한다. 예를 들어 주식투자의 경우 어떤 테마가 뜬다고 해서 최소한의 기업분석 없이 소중한 투자금을 밀어 넣지만 이러한 묻지마 투자는 하한가를 피할 수 없다. 최근 뜬다는 프랜차이즈를 보고 조급한 마음에 온갖 대출을 끌어당기며 덜컥 창업을 하지만, 유행은 곧 끝나고 해당 매장에는 이내 파리만 날린다. 취업의 경우 4차산업 시대를 맞이하여 '코딩'이 유망하다면서 적성과 재능을 무시한 채 코딩교육 분야에 진입하지만 실제 컴퓨터 전공자가 아니면 취업에 성공하는 경우는 미미한 수준이고 취업에 성공하더라도 기대했던 만큼의 기업에 들어가지 못하는 경우가 대부분이다.

이는 비단 약자만의 문제는 아니다. 누구라도 수렁에 빠질 수 있다. 그러나 한 번이라도 실패할 경우 회복이 어려운 약자의 입장에서는, 선택에 있어 타인의 말을 추종하거나 유행에 휩쓸리지 않고 더더욱 신중해야만 하는데 그러지 못했다는 점에서 문제가 발생한다. 한편으로는 신중한 태도도 좋지만, 약자의 경우 성공을 위해서는 얼마 안 되는 기회를 포착했을 때, 과감한 도전이 필요하다는 의견도 있을 수 있다. 맞는 이야기다. 하지만 그 과감한 도전이 자신의 능력과 의지에 기반하지 않고, 단지 유행이나 시류에 휩쓸린 도전이라면 결과는 뻔하지 않겠는가.

현재의 어려운 처지에서 벗어나려면 사회 트렌드 변화에 민감해야 하고, 타인의 다양한 이야기에 귀를 기울여야 하는 것은 당연하다. 하지만 그렇다고 해서 시류나 여론에 휩쓸려 하지 말아야 할 선택을 해서는 안 된다. 나보다 앞선 사람들을 보는 마음이 초조하고, 이번 유행에 편승하지 못하면 다시는 기회가 없을지도 모른다는 마음에 불안이 엄습하더라도, 외부의 소리에 거리를 두라. 외부의 소리보다는 내부의 소리에 집중하며, 신중히 검토한 후 자신의 판단과 결정 하에 투자를 하든 새로운 분야에 뛰어들든 해야 한다. "시류나 유행에 휩쓸리지 말아야 한다!"는 이야기는 성공을 원하는 사람들을 위한 일반적인 조언일 수도 있다. 그렇지만 약자들에게는 그 무엇보다 중요한 조언이라고 말해주고 싶다.

One More Point.

문제는 대부분 열어둔 귀에서부터 시작된다. 내 마음의 소리에 더 귀를 열고 듣는 연습이 필요할 때다. 조급한 마음을 억누르고, 차근차근 신중히 시작하라.

7장

덜어내기 ①
중요한 것을 찾는 법

핵심에 집중한다는 말은 잘 버린다는 뜻과 같다.

-리차드 파인만(노벨물리학상 수상자)

　복잡한 삶을 개선하기 위한 방법으로 '삶의 우선순위를 정하여 실행하라'는 말을 많이 듣는다. 우리의 삶에는 일상업무, 취미생활, 지인과의 만남 등 여러 행위들이 지속되고 있다. 일단 삶의 효율을 개선하기 위해 우선순위를 정하다 보면 근본적인 질문을 마주하게 된다. '내 삶에서 정말 중요한 것은 무엇일까?'

　이탈리아 피렌체에는 르네상스 시대의 이탈리아 예술가 미켈란젤로가 1501년과 1504년 사이에 조각한 다비드의 조각상이 있다. 이 조각상과 관련된 일화가 있다.

　미켈란젤로가 대리석 조각에 매달려 한창 다비드상 작업을 수행하고 있었다. 그때 근처에서 놀던 한 아이가 미켈란젤로의 작업을 보고 호기심을 담아 이렇게 질문했다. "아저씨는 왜 그렇게 돌을 두드리고 계세요?" 미켈란젤로가 답했다. "이 돌 안에는 천사가 들어 있고 나는 지금 잠들어 있는 천사를 깨우는 중이란다."

미켈란젤로는 조각과 관련하여 이런 말을 남겼다. "모든 돌덩어리 안에는 조각상이 있고 그것을 발견하는 것이 조각가의 임무이다." 경지에 오른 동양의 옛 조각가들도, 부처를 조각하는 것이 아니라 돌덩이 속에 이미 있는 부처를 보고, 단순히 부처의 몸에 붙은 불필요한 먼지를 털어내는 것이라고 이야기했다. 미켈란젤로나 동양의 조각가들이나 단순히 조각상을 만들었던 것이 아니라, 덜어냄을 통해 자신이 창조하고자 하는 목표를 구현해 낸 것이다.

우리는 인생을 채우기 위해 매일 달린다. 인생을 꽉 채우지 않으면 '무언가 큰일이 날 것 같다'는 마음으로 정신없이 자신을 몰아붙이고 있다. 괜히 조급한 마음에 이것저것 해나가고 있지만 잠깐 멈추어 생각하면 지금의 행위가 진정 내 삶에 도움이 되는지 확실하지 않다. 하지만 멈추면 도태될 것 같으니, 내 삶에 중요성 여부는 판단하지 않고 무엇인가를 덕지덕지 붙이는 작업을 다시 계속 이어나간다. 이런 와중에 내 삶에서 가장 중요한 가치를 떠올리라고 하면 이것저것 생각이 나지만 막상 무엇이 내 본질과 맞닿아 있는지는 판단하기가 어려운 것이 현실이다.

급한 마음에 이것저것 해나가고 있지만 지금 하는 행위가 진정 자신의 삶에 도움이 되는지 알 수 없다. 무엇인가 결정적인 포인트를 찾기 위해 이리저리 헤매지만 결국 찾지 못하는 형편이니, 이럴 때 일단 무엇인가를 찾으려 하지 말고 덜어내는 행동부터 먼저 하면 어떨까.

많은 것을 배우고 실행한다고 하지만, 정작 우리의 삶을 이끌어주는 결정적인 행동이나 요인들은 그다지 많지 않다. 내게 맞는 본질적인 가치를 찾아내려면 내 삶에 붙어 있는 부차적인 것들을 하나씩 덜어내야 할 필요가 있다. 삶에 붙은 먼지들을 털어내다 보면 결국 내 안에 남는 것들이 눈에 보이고, 이것이야말로 내가 찾아다니던 내 인생의 본질적인 가치라는 사실을 깨닫게 된다. 자기 자신에게 가장 중요한 것이 무엇인지 깨닫게 되면, 그 중요한 것을 위해 자신을 정비하여 자원을 집중할 수 있다. 그러면, 소위 말하는 효율적인 삶을 구현해 낼 수 있을 것이다.

One More Point.

속도보다는 방향이다. 잘못된 방향으로는 아무리 빨리 달려도 목적지에 도착할 수 없다. 불필요한 것들을 덜어내고 출발점에 서면, 이 돌 안에서 내가 무엇을 발견할 수 있을지 더욱 분명하게 들여다볼 수 있다.

8장

덜어내기 ②
해야 할 일을 찾는 법

프로는 뺄셈, 초보는 덧셈. 진정한 프로는 뺄셈을 우선으로 한다.
이것저것 다 하면 된다는 생각은 틀렸다.

-오구라 히로시

    여기 자기계발을 위해 정신없이 살고 있는 한 회사원이 있다. 그는 지금 하는 회사 일이 만족스럽지 않다. 그래서 훗날 다른 일을 해보겠다는 일념으로 '미래에 내가 해야 할 일을 찾아' 헤매는 중이다.

    자기계발서를 탐독하고 오프라인 강의와 독서모임까지 참여한다. 특정 클래스도 등록해서 몰랐던 분야도 배우는 중이다. 그러다 그는 문득 깨닫는다. '나는 무엇을 하고 있는 것일까? 이토록 열심히 노력하고 있지만 내가 하고 싶은 일이나 내가 가야 할 길을 아직도 찾지 못했다니!'

    분명히 자신의 발전을 위해 필요한 과정들을 수행하고 있다고 생각하지만 무엇이 올바른 길인지 알 수가 없다. 그렇다고 갑자기 해온 것들을 그냥 놓아버리기에는 너무 억울하다는 생각이 든다. 이러지도 저러지도 못하는 상황에 봉착하게 된 것이다.

'내가 정말 하고 싶은 일이 무엇인지를 모르겠다'는 생각은 우리를 종종 고민의 늪에 빠뜨린다. 하고 싶은 일을 찾기 위한 조언으로 '관심사를 파악하라', '자신이 좋아하는 일을 찾아라', '마음에 떠오르는 것에 집중하라' 등이 제시되고는 한다. 하지만 해당 조언을 실행해도 '내가 뭐하는지 모르겠다' 하는 마음이 들고 또다시 '내가 하고 싶은 것은 무엇인가?' 하는 질문으로 돌아오게 된다. 고민을 가운데 두고 주변을 빙빙 돌고 있는 것이다.

'내가 하고 싶은 일'을 찾는다는 것은 자신의 가치관, 보유 능력, 좋아하는 분야, 하고자 하는 분야의 비전 등 여러 가지 요소가 맞물려 있어서 결정을 쉽사리 내릴 수 없다. 흔히들 '내가 하고 싶은 일=내가 좋아하는 일'로 해석하지만 그 일을 좋아하는 것과 잘하는 것 사이에는 엄연한 차이가 있기 마련이다.

이처럼 '내가 하고 싶은 일'을 찾기란 너무나 어려운 과정이다. 하지만 여기에 대한 대안은 존재한다. 그것은 바로 '내가 해야 할 일'을 찾아보는 것이다. '내가 해야 할 일'은 현 상황에서 자신의 발전에 도움이 되고, 현 상황을 유지·개선할 수 있는 활동이라고 정의하고자 한다.

그러면 내가 해야 할 일은 어떻게 찾을 수 있을까? 그 무엇보다도 내가 하지 말아야 할 일을 먼저 찾아보아야 한다.

내가 현재 수행하는 일이나 활동들을 펼쳐놓고, '이것들이 현재의 나에게 정말 필요한 것일까?' 하면서 검토해 본다. '나의 적성에 맞는가?' '내 능력으로 해낼 수 있는가?' '중복되는 사안은 없는가?' '내 시간을 너무 많이 소모하고 있지 않은가?' 등의 질문을 던져가며 하나씩 지워나가 본다.

이 과정을 통해 내게 도움이 되리라 믿었던 많은 일들의 실체가 보이기 시작할 것이다. 할 필요가 없거나, 지금 당장 안 해도 될 일들이 너무나 많다는 것을 발견할 수 있다. 자신만의 검토를 통해 내게 맞지 않거나 내 능력으로는 하기 어려운 일들을 일단 덜어내면 그나마 적성에 맞고 내가 실행할 수 있는 몇 가지 것들이 남는다. 이 남은 것들이 바로 지금 내가 해야만 하는 일들이다.

기존의 부차적인 일들을 덜어내어 내가 해야만 하는 일들을 찾았다면, 이 일들을 최우선순위에 놓고 실행해야만 한다. '내가 해야만 하는 일'들은 자신을 지탱하는 근본적인 사안이기에 집중해서 수행하다 보면 어느덧 향상된 자신의 역량을 발견할 것이다. 그리고 그 역량이 언젠가 '내가 하고 싶은 일'을 찾는 밑바탕이 될 것이라 기대해 본다.

✼ One More Point.

안개가 걷히면 길이 보인다. 없던 길이 아닌, 어제부터 이미 있던 길이다. 먹구름이 걷히면 밝게 빛나는 태양이 모습을 드러낸다. 서두를 필요는 없다. 나에게 맞고, 내가 할 수 있고, 해야 할 일들은 이미 실체를 가지고 있으니 인내심을 가지고 모습이 드러날 때까지 기다리면 될 일이다.

9장

덜어내기 ③
자신을 위한 시간을 얻는 법

단순하게 살아라.
현대인은 쓸데없는 절차와 일 때문에 얼마나 복잡한 삶을 살아가는가?

-이드리스 샤흐

현대인들은 "바쁘다 바빠"를 입버릇처럼 달고 산다. 항상 시간이 부족하다. 시간의 소중함을 모르는 이는 없다. 시간은 누구에게나 똑같이 하루 24시간만 주어지며 그 누구도 시간을 거스를 수 없다. 정해진 시간 안에서 누가 더 효과적으로 쓰느냐의 경쟁이다. 시간관리의 중요성이 강조되는 이유다.

그런데 결과는 절망으로 매듭지어지는 경우가 대부분이다. 입으로는 시간의 소중함을 이야기하면서 정작 쓸데없는(?) 행동에 몰두하며 시간을 허비하기 때문이다. 일례로 직장인의 시간을 잡아먹은 쓸데없는 짓의 사례를 들자면 끝이 없다.

[업무중 SNS] 업무 중 잠깐 SNS를 보았다고 생각했는데 30분이 훌쩍 넘어간다. 시간을 허비한 자신을 자책하며 다시금 업무에 몰입하려고

하지만 집중하는 데에만 시간이 또 소요된다(심지어 SNS는 퇴근 후 집에서 시체처럼 누워 있는 경우라 할지라도 계속 우리의 시간을 강탈해 간다).

[알맹이 없는 모임] 직장동료나 친구들 혹은 네트워킹을 목적으로 모임을 가진다. 가끔이면 모르겠지만 사회생활을 할수록 그 빈도가 점점 늘어난다. 상사 험담을 늘어놓거나 관심사들을 이야기하고 듣다 보면 시간이 훌쩍 지나 어느새 귀가 시간이다. 가뜩이나 회사 일에 지쳤는데 밤늦게 집에 들어오면 샤워할 시간도 모자란다. 제대로 쉬지도 못하고 아침이면 아직 충전이 덜 된 몸을 이끌고 다시 회사로 향한다.

의도치 않게 우리의 시간을 갉아먹는 상황은 흔히 일어난다. 여기서 문제는 시간을 잡아먹는 상황을 스스로 만들어내고 있다는 사실이다. 우리는 여러 행동들을 하면서 '자신을 위해 무엇인가를 하고 있다'고 착각한다. 심지어 이 행동은 도움이 안 된다는 사실을 알면서도 '불쌍한 내 인생, 이 정도는 할 수 있지' 하면서 타협한다.

불필요한 행동들을 삶에서 덜어내야 한다. 모임이나 취미생활을 정리하고, SNS 사용을 유발하는 휴대폰 사용을 줄여야 한다. 하지 않아도 인생에 큰 문제가 없는 행동들을 내 삶에서 덜어내야만 이를 통해 확보한 시간을 바탕으로 새로운 생각을 떠올리거나, 삶의 방향성을 재점검하는 등 자신을 성장시키는 기회를 가질 수 있다.

머리가 복잡해서 생각에 집중할 수 없다면 모든 것을 덜어내고, 차라리 머리를 비우고 멍한 상태로 시간을 보내는 것도 괜찮은 방법이다. 뇌는 무엇이 더 중요한지 판단할 수 없기에 주인이 시키는 대로 정보를 처리는 하는데, 그러다가 과부하가 걸리고는 한다. 뭔가를 꼭 해야만 한다는 생각에서 자유로워져야 한다. 덜어낸 상태 유지, 뇌에게 주는 휴식도 발전이다.

어느 때부터인가 우리는 나 자신을 위한 진실한 시간을 잊고 살게 되었다. 유행하는 것, 남들이 좋다고 하는 것, 남들에게 우월감을 나타내기 위한 것 등이 그 자리를 대신하고, 결국 내가 아닌 남들에게 좋아 보이는 행동을 하느라 하루를 보내게 되었다.

이제라도 오롯이 나를 위한 시간을 작게라도 확보해야 한다. 쓸데없는 짓에서 시간을 빼내 진짜를 위한 시간을 확보해야 한다. 그렇지 않으면 알맹이 없이 "바쁘다 바빠"를 계속해서 외쳐야 하고, 발전은 물 건너가고 만다.

"쓸데없는 짓도 나름 재미있다. 이거라도 없으면 인생을 무슨 재미로 사나?" 하고 항변할 수 있다. 하지만 삶에서 부차적인 것을 덜어내고 또 덜어 우리 인생의 본질적인 부분을 개선해 나가는 것이야말로 새로운 재미를 찾아가는 과정이 아닐까.

One More Point.

인생을 의미 있는 것들로 가득 채운다는 건 애초부터 불가능의 영역이다. 우리가 해야 하는 일은 불가능에의 도전이 아니라, 불가능함을 알면서도 가능에 가까워지도록 노력하는 것이다. 허비하는 시간을 줄여 가치 있는 시간들로 바꾸는 노력 자체가 발전이다.

10장

덜어내기 ④
낭비하지 않는 법

자그마한 지출을 경계하라.
작은 구멍이 큰 배를 침몰시키므로.

-벤저민 프랭클린

    우리의 인생은 매일 소비의 연속이다. 주거비·식비 등 생활에 꼭 필요한 비용도 있지만, 사회적 트렌드를 따라가기 위한 지출도 무시하지 못하는 수준이다. '이 정도 차는 가지고 있어야지 중간은 가지!' '○○을 입어야만 힙해 보여서', '○○을 가지고 있지 않으면 주위에서 무시할 것 같아서' 등 여러 가지 명분을 앞세워 추가적인 소비에 몰두하는 것이 우리의 현실이다.

    '통장이 아니라 텅장'이라는 표현에서 보듯, 버는 만큼 썼는데도 텅장이라면 모르겠지만, 이미 지출해 놓은 비용들을 상환하기 위해 '카드를 막는' 지경까지 돌입해 있는 사람도 있다. 그런데도 우리는 버는 것 이상의 지출을 멈추지 않는다. 버는 한계보다 많은 돈을 그것도 빚까지 져 가면서 쓰려는 이유는 무엇일까?

그 이유를 한마디로 정리하면 '남들보다 나아 보이기 위해서!'다. 우리의 경쟁은 너무나 어린 시절부터 시작된다. 학교 다닐 때는 '남들보다 성적이 좋아야 한다', 사회에 나와서는 '남들보다 성과를 많이 내야 한다'처럼 끝없는 경쟁에 매몰되어 살아왔다.

그러다 보니 항상 마음속에는 '어떤 면에서든 남보다 나아야 한다' 아니면 '적어도 남들만큼은 해야 한다'는 일종의 강박관념이 항상 존재한다. 그리고 어느 순간 그 강박관념은 '자기 과시'의 단계로 발전하게 된다.

얼마나 학식이 많은지, 얼마나 많은 네트워크를 가지고 있는지, 봉사를 얼마나 많이 하는지 등 한 사람의 가치를 평가하는 기준은 수없이 많다. 하지만 그 기준을 타인에게 알리기도 어렵고, 실현하기까지 오랜 시간이 걸린다. 그런데 '부의 과시'는 지출과 동시에 원하는 수준에 도달하다 보니 자기 과시를 위해 이보다 쉬운 방법이 없다. 그래서 많은 사람들이 소비를 통해 자신을 드러내려고 한다.

남들과 비교하려는 마음과 과시하려는 마음을 삶에서 덜어내야만 한다. 마음을 비우는 과정을 통해 자기 과시라는 번잡한 마음과 멀어져야만 평안한 마음을 유지할 수 있다. 자기 과시를 덜어내면 현실에 닥친 과도한 지출도 막을 수 있다. 자산을 모으기 위해서는 수입 범위를 넘어서지 않는 지출 습관이 필수다. 그런데도 자기 과시 본능을 이기지 못한다면 계속해서 '텅장'을 바라보며 한숨만 내쉬는 인생을 살아야 한다. 냉엄한 현실과는 맞지 않는 삶이다.

꼭 필요한 곳과 원하는 곳의 지출은 당연하다. 하지만 남의 시선보다는 자신의 가치를 충실히 하는데, 남들이 필요하고 선호하는 것이 아닌 내가 필요하고 선호하는 지출에 집중하는 것부터 시작해야 한다. 타인의 시선에서 일단 벗어나 자기 과시의 욕망을 조금이나마 덜어낼 수 있다면 결과적으로 내게 도움이 되지 않는 지출을 줄일 수 있을 것이다.

자기 과시를 위한 지출의 종착지는 결국 파산이다. 남들을 의식하는 마음, 자신을 과시하는 마음을 조금이나 덜어낸다면 필요 없는 지출이 줄어들어 어느덧 통장에 돈이 쌓여가는 모습을 목격하게 될 것이다. 의미 없는 지출을 덜어냄으로써 경제적 발전을 위한 작은 디딤돌을 만드는 효과도 기대할 수 있다.

※ *One More Point.*

모든 시작은 첫걸음부터다. 자기 과시를 위해 썼던 돈을 한 푼 두 푼 줄여나가다 보면 합리적인 지출만 남을 것이다.

11장

자신에 대한 믿음 ①
자신을 돌보는 법

그대들은 이웃을 그대 자신처럼 사랑하는 것이 좋다.
하지만 우선 자기 자신부터 사랑하는 사람이 되어라.
-니체

'돌보다'라는 단어가 있다. 사전적 정의로 '잘되어 가는지, 또는 잘못되어 가는지 관심을 가지고 살피다' 또는 '어떤 일을 관심을 가지고 더 좋은 상태가 되도록 만들다'는 의미다. 무한경쟁의 현대 사회에서 사람들은 쉽게 지치고 힘들다는 하소연을 연신 내뱉는다. 이런 상황에서 '자기돌봄'의 중요성이 높아지고 있지만, 실상 우리는 자기를 돌보는 것과는 동떨어진 삶을 살고 있다.

우선 '자기돌봄'의 기본 조건은 자신에게 관심을 가지는 것이지만 우리의 시선은 항상 내가 아닌 타인에게 맞춰져 있다. '○○챌린지', '유행 템 갖추기' 같은 SNS에 인증하는 행위 또는 월세집에 살면서 고급 외제차를 할부로 구매해 타고 다니는 행위 등, 오직 타인에게만 잘 보이려는 습관들로 가득하다.

장자에 '동시효빈東施效嚬'이란 고사가 있다. 동시가 서시의 눈썹 찌푸림을 본받는다는 의미로, 시비선악의 판단 없이 굳이 남의 흉내를 냄을 비유하는 말이다. 이 고사의 유래는 다음과 같다.

중국 어느 마을에 시施 씨 성을 가진 미모의 여인이 살고 있었는데 집이 마을 서쪽 언덕에 있었기 때문에 서시西施라고 불렀다고 한다. 서시는 왕소군, 양귀비, 초선과 더불어 중국의 4대 미인 중 하나로 손꼽힌다. 그리고 동쪽 언덕에는 역시 시施 씨라는 성을 가진 엄청나게 못생긴 추녀가 살았는데 동쪽에 사는 시 씨라고 해서 동시東施라고 불렀다. 가슴 흉통을 겪고 있던 서시는 통증을 느낄 때마다 얼굴을 찡그렸는데, 찡그린 그 얼굴이 참으로 아름다웠다고 한다. 동시는 서시가 아름다운 이유가 찡그린 얼굴에 있다고 판단, 자신도 찡그린 얼굴로 다녔다. 그러자 사람들은 동시가 나타나면 문을 걸어 잠글 정도로 그녀를 외면했다고 한다.

이 고사와 같이 타인이 좋다는 말에 맞추어 행동할 경우, 인정을 받기는커녕 '되지도 않는 짓거리를 한다'며 비난 받을 확률이 높다. 왜, 그런 것 있지 않은가? 괜히 있어 보이려고 그다지 필요하지도 않는 것에 많은 돈을 투자했지만 돈은 돈대로 나가고 타인의 인정도 못 받고, 결국 자존감만 떨어지는 경우 말이다.

의료사회학자 아서 프랭크는 돌봄을 '아픈 사람의 고유함을 아는 것'이라고 정의했다. 자신을 돌보려면 먼저 자신의 고유함을 잃지 않는 데에서 시작해야 한다. 자신의 고유함이란 '자신만의 생각이나 행동'이라고 볼 수 있는데, 자신의 생각과 행동에 힘을 실어주려면 우선 자신에 대한 믿음이 수반되어야 한다. 자신의 행동이나 의지에 대한 믿음이 없는데, 자신을 바라보기나 하겠는가? 단지 타인의 '좋아요'에만 환호하고, 타인의 외면에 상심하게 될 뿐이다. 타인의 시선에 집중할수록 자신을 돌보지 못하게 되는데, 어떻게 자신의 강점과 잠재력을 발견할 수 있겠는가?

행복이란 '내가 보는 나'의 삶과 '남이 보는 나'의 삶이 일치할 때 느끼는 감정이라고 한다. 자신에 대한 믿음의 바탕 위에서 자신에게 관심을 가져야 한다. 자신에게 관심을 가지면 자신에게 만족하는 삶도 회복할 수 있다. 즉 자신을 돌보는 삶을 되찾는 것이다. 그리고 우리가 자신을 믿고 만족하는 모습을 보면, 남들도 우리를 달리 보게 될 것이다. 이런 모습이 진정으로 남에게 인정 받는 방법 아니겠는가?

One More Point.

나 자신을 믿어보자! 그리고 나 자신을 돌보자! 남들처럼 하지 않더라도 나 자신의 가치나 위치는 변하지 않으며, 남들과 다르게 살더라도 내가 추구하는 고유 본질은 변하지 않을 테니!

12장

자신에 대한 믿음 ②
자신을 정의하는 법

―

가장 용감한 행동은 자신에 대해 생각하고
그것을 큰 소리로 외치는 일이다.
-코코 샤넬

사회생활을 하다 보면 자신을 소개할 때가 있다. 흔히 "○○ 회사의 누구입니다" 또는 "○○업을 하는 누구입니다" 등 사회적 위치나 업무를 위주로 소개한다. 그런데 사회적 위치는 내가 아닌 남이 규정하고 분류한 기준에 따라 정해진다. 나의 정체성을 타인이 규정해 버리는 것이다.

정체성 연구 전문가인 박선웅 고려대 교수는 정체성을 '자신에게 중요한 것이 무엇이고 자신에게 의미 있는 일이 무엇인지를 이해하고, 이를 바탕으로 삶의 방향에 대해 결단을 내리는 것'으로 정의한다. 이런 정의에도 불구하고 우리는 내게 중요한 것, 내게 의미 있는 것 대신 남이 정해준 정의로 자신을 부르고 있다.

'누구 엄마', '회계부 김 대리', '○○학교 학생' 등 남이 불러주는 대로 자신을 정의한다. 그리고 그걸 당연하게 여긴다. 나를 그렇게 부르라고 누가 허락했는가? 바로 우리 자신이 자신을 믿지 못하고 '남들이 정해준 것이 맞다!'면서 이를 허락했기 때문이다.

'누구 엄마'는 학창 시절부터 소소히 글 쓰는 취미가 있었고, '회계부 김 대리'는 다른 길을 가고 싶어 한다. '○○학교 학생'은 싱어송라이터의 꿈을 가지고 있다. 그런데 열거한 사람 모두 꿈은 가지고 있으나 남들의 편견에 파묻혀 자신이 하고 싶은 일을 시도조차 못하는 상황이다.

지금이라도 우리는 자신에 대한 정의를 다시 내려야 한다. 자신에 대한 믿음을 가지고 외부의 소음에 아랑곳하지 않고 자신의 길을 규정하는 것이다. '누구 엄마'는 '소설가 ○○○'로, '회계부 김대리'는 '회계전문가 ○○○', '○○학교 학생'은 '싱어송라이터 ○○○'으로 바꿔 불러야 한다. 남들이 규정한 대로 살면 내 삶의 방향도 내가 모르는 길로 향한다. 누가 뭐라고 하든지 내가 원하는 대로 나를 부르기 시작하면 내 삶의 방향도 내가 정의한 길로 나아가게 되는 것이다.

나는 현재 사업과 기업체 일을 동시에 해나가고 있지만, 글을 쓰는 시간만큼은 나 자신을 '작가 ○○○'로 정의한다. 내로라하는 유명 작가에 비하면 인지도가 바닥이고, 내가 쓴 글이 얼마나 인정받는지 확인할 길이 없지만, 누가 뭐라던 내가 나를 '작가'로 정의했으니 나를 믿고 작가의 삶을 준비하고 작가의 길을 걸어가는 중이다. 글 쓰기가 지루하고, 때때로 '이렇게 글을 쓰는 것이 맞나?' 하는 생각이 들 때도 있지만 그래도 꾸역꾸역 글을 써나가고 있다. 왜냐하면 '나는 작가니까!'

김춘수의 시 '꽃'의 일부 내용이다.

내가 그의 이름을 불러주기 전에는 그는 다만 하나의 몸짓에 지나지 않았다. / 내가 그의 이름을 불러주었을 때, 그는 나에게로 와서 꽃이 되었다.

내가 나를 제대로 불러야 꽃이 된다. 그렇지 않으면 우리는 단순한 몸짓으로 취급받게 될 것이다.

당신은 자신을 어떻게 정의하고 있는가? 아직 정의하지 못했는가? 그래도 상관없다. 지금부터라도 당신을 정의하면 되는 것이다.

One More Point.

자신에 대한 믿음만 잃지 않는다면 당신은 당신이 정의한 존재가 될 것이다. 그리고 어느 순간 정의한 대로의 모습으로 살아가는 자신의 모습을 발견하게 될 것이다.

13장

자신에 대한 믿음 ③
기적을 이루는 법

―

나 자신에 대한 자신감을 잃으면 온 세상이 나의 적이 된다.

-랄프 왈도 에머슨

    생각지도 못한 긍정적인 일이 일어났을 때 우리는 이를 두고 '기적'이라고 표현한다. 가능성이 매우 희박해서 기대조차 하기 힘들거나 아예 불가능하리라 생각했던 일이 실제로 일어나는 경우다. 우리는 기적이 일어나기를 항상 고대하지만 기적의 '기'자조차 보이지 않는 것이 현실이다. 도대체 무엇이 우리의 삶에서 기적을 일으키는 것일까?

    KFC Kentucky Fried Chicken 매장에 방문할 때마다 흰 정장을 입은 할아버지를 만나게 된다. 이 할아버지는 글로벌 패스트푸드 프랜차이즈인 KFC의 창업자 할랜드(커넬) 샌더스로, 불굴의 의지로 사업을 성공시킨 인물을 논할 때 자주 언급되는 분이다.

    할랜드 샌더스는 40살이 넘을 때까지 고정된 직장이 사실상 없었으며, 40이 넘어서 운영한 식당 관련 직종들 역시 성공한 적이 거의 없었다고 한다. 그나마 60대 후반이 되었을 때 운영하던 작은 식당이 자리를 잡나 싶었는데, 이 식당도 화재로 타 없어지고 말았다. 이때 그에게는 낡은 트럭 한 대와 매달 105달러의 연금만 남아 있었다. 샌더스는 여기에 굴하지 않고 자신의 치킨 조리법을 팔고자 트럭에서 잠을 자고 주유소에서 씻으며 전국을 돌아다녔다. 샌더스는 무려 1008번의 거절을 당했고, 마침내 1009번의 도전 끝에 데이브 토마스(웬디스 버거 창립자)가 자신의 식당에서 샌더스의 요리를 팔도록 했다고 한다. 이것이 바로 KFC 제국의 시작이다.

할랜드 샌더스를 단순히 근성의 사업가라고 간주하기 어렵다는 생각이 든다. 아무리 봐도 샌더스의 이야기는 기적으로밖에 설명이 안 되기 때문이다. 남들은 쉬어야 할 나이라고 생각하는 60대에 다시 사업을 시작해서 성공할 확률이 얼마나 될까? 그리고 1,008번의 거절을 당했다고 하는데 무엇인가 이유가 있었기 때문에 그토록 거절당한 것이 아닐까? 그리고 무엇보다도 고물차를 타고 나타난 허름한 노인이 비밀의 레시피라며 떠벌리는데 그 어떤 사람이 진지하게 대하겠는가?

이처럼 실패가 당연한 상황에서 샌더스를 계속 버티게 했으며 그를 끝내 기적으로 인도한 것은 바로 '자신에 대한 믿음'이 아닐까 싶다. 샌더스는 자신의 치킨 요리법이 반드시 성공한다는 믿음으로 항상 충만해 있었던 것 같다. 어쩌면 자신에 대한 믿음이 너무나 과도한 '광인' 또는 '독불장군'이었을지도 모른다. 하지만 샌더스는 자신에 대한 믿음을 통해 끝내 기적을 일으켰다.

우리는 주위에서 샌더스와 같은 기적을 이미 보고 있다.

3부리그에 있던 축구선수가 해외 명문구단에 입성하는 기적, 길거리 버스킹을 전전하던 가수가 어느 순간 인기가수가 되는 기적, 불우한 환경에 있던 문제아가 명문대에 합격하는 기적, 노숙자가 어엿한 회사의 CEO가 되는 기적 등이다. 사람들은 3부리그 선수, 길거리 가수, 문제아, 노숙자 등에 대해서 "네 인생은 끝났어! 네 인생은 거기까지야!" 하는 말들을 쉽게 내뱉는다. 따지고 보면 틀린 말도 아니기에 대부분은 이 말을 거역하지 못하고 실패한 인생을 전전하게 된다. 하지만 역설적이게도 기적은 불가능의 토양에서 피어나는 꽃과도 같다. 모두가 불가능을 외쳐도 '나는 된다!'는 믿음을 가진 자만이 누릴 수 있는 특권이다. 아군이 없는 외로운 믿음이지만, 그리고 이 믿음에 기대어 수많은 좌절과 눈물을 삼켜야 하지만, 결국 편견을 넘어 기적을 보고야 마는 것이다.

One More Point.

기적을 만나고 싶은가? 그러면 먼저 자신을 믿어야 한다. 자신을 믿지 않고 남의 말을 듣는 순간 기적은 구경조차 못할 것이다. 자신을 믿는 한 당신의 꿈은 이루어 질 것이다. 그리고 이루어진 당신의 꿈을 바라보며 사람들은 이를 기적이라 부를 것이다.

14장

자신에 대한 믿음 ④
원하는 것을 실체화하는 법

―

자신을 믿는 순간, 어떻게 살아야 할지 알게 된다.

-요한 볼프강 폰 괴테

자기계발에서 인기 있는 카테고리 중 하나는 '끌어당김의 법칙'이다. '끌어당김의 법칙'이란, 우주에는 보이지 않는 에너지가 존재하는데, 내가 어떤 생각을 함에 따라서 그 에너지가 반드시 나에게 찾아온다고 하는 주장이다. 즉, 긍정적 생각은 긍정적 결과를 가져오며, 부정적인 생각은 부정적 결과를 야기하는 관계로 '끌어당김'을 통해 운명을 바꿀 수 있다는 생각이다. 그리고 부자가 되고 싶으면 부자가 된 것처럼, 건강해지고 싶으면 건강한 사람이 된 것처럼, 유명해지고 싶으면 유명한 사람처럼 생각하고 행동하며, 그렇게 된다는 믿음을 지속해야 한다는 것이 '끌어당김의 법칙'의 규범이다.

'끌어당김의 법칙'에 대한 비판으로는 '생각만 하면 어떻게든 이루어진다'가 현실성이 있느냐는 물음이다. 실제로 '끌어당김의 법칙'을 설명하는 대부분의 책에서도 그냥 앉은 자리에서 성공했다는 상상만 하지 말고, 적극적으로 꿈을 이루기 위해 행동할 것을 권장한다. 이런 내용들을 볼 때, '끌어당김의 법칙'이란 단순히 '자신이 원하는 것을 해낼 수 있다!'는 믿음을 다르게 각색하고 이를 과장해서 홍보하는 것은 아닐까 하는 생각이 든다.

종종 만나는 중소기업 대표의 사례다.

어느 날 함께 점심을 하는데 그 대표가 뜬금없이 한 건물을 지칭하면서 "저 건물을 내 회사 사옥으로 하고 싶다"고 말했다. 나는 "당연히 가능하실 겁니다"라고 덕담을 건넸다. 그러나 당시 그의 사업이 안정적이기는 해도, 그 건물의 시세를 따져보면 '과연 가능할까?' 하는 의구심을 지울 수 없었다.

그리고 그 후에도 종종 자리를 함께했는데 만날 때마다 "저번에 이야기한 건물 있지? 그거 내 사옥이야!"라는 이야기를 멈추지 않았다. 심지어 상상의 나래까지 펼쳤다. 해당 건물을 사옥으로 확보하면 "옥상에 본인과 사원들이 즐길 수 있는 도심 정원을 만들고, 건물 1층과 2층에는 멋진 카페를 놓을 것이며, 나머지 공간은 직원들 사무공간으로 사용한다"는 구체적인 활용 계획까지 구상해놓았던 것이다.

상상과 허구만은 아니었다. 해당 대표는 당장은 어렵다고 할지라도 건물을 매입하기 위한 자금계획 및 구청 등으로부터 받아야 할 각종 인허가 등에 대해서도 동시에 차근차근 준비하고 있었다. 그리고 시간이 흘러 현시점에서는? 원하던 건물을 사옥으로 확보했고, 옥상에는 정원을, 1~2층에는 커피숍을 운영하고 있다. 건물 매입에 많은 자금이 소요되기는 했지만 사업이 더욱 번창한 관계로 회사 운영에도 무리가 없다. 사옥 확보를 끊임없이 의심하던 나에게 그가 말했다. "이 건물 내 거라고 말했지?"

'끌어당김의 법칙', '인생을 개선하는 법칙' 등 미사여구가 과연 쓸모가 있을까? 결국 자신이 원하는 것을 얻는 방법은 '자신을 믿고 전진하는 것'뿐이라는 단순하지만 명확한 결론에 이르게 된다.

One More Point.

'생생하게 원하는 것을 상상하면 이루어진다'고 한다. 맞는 말이다. 하지만 그 실상은 자신이 원하는 것을 성취한다는 믿음 하에서, 목표를 이루기 위한 지난한 과정을 견뎌내는 것이라 할 수 있다. 원하는 것을 실체화한다는 것은 결국 자신의 믿음을 실체화하기 위한 노력과 행동을 의미한다.

15장

객관적으로 보기 ①
진실에 다가가는 법

옳고 그름은 주관적인 것이다. 객관적으로 이해하고 수용하라.
-장자

'답정너'라는 인터넷 용어가 있다. '답은 정해져 있고 너는 대답만 하면 돼'라는 뜻으로 자신의 입장만 밀어붙이는 사람을 가리키는 말이다. 그런데 나는 아니라고 항변하겠지만, 우리 대부분은 '답정너' 성향을 가지고 있다. 어떤 사건을 보며 '저 사건의 원인은 ○○ 때문일 거야' 하고 이미 답을 정해놓고 판단하는 경향이 강하기에 사건의 실체에 접근하기 어려운 경우가 많다.

자신의 관점에 취해버린 한 이야기를 살펴보자.

7세기 경 존재했던 소아시아 서부지역의 부유한 왕국 리디아의 왕이자 세계 제일의 부호였던 크로이소스는 그 당시 새로운 강자로 떠오르고 있던 페르시아가 신경 쓰였다. 어느 날 크로이소스는 주술사를 불러 자신이 페르시아를 침략하면 어떤 결과가 나올지 물어보았다. 주술사는 '왕국은 멸망할 것이다'라는 점괘를 내놓았다. 크로이소스는 멸망할 왕국이 페르시아고 생각해 전쟁을 시작했지만, 정작 멸망한 나라는 크로이소스의 리디아였다.

이 이야기에서 보듯 사람들은 진실이 존재하는데도 자신이 생각하고 싶은 대로 사건을 판단한다. 그리고 늘 자신이 유리한 방향으로 해석을 하지만, 진실에 반하는 판단은 늘 문제를 일으키기 마련이다.

확증편향이라는 개념이 있다. 가설의 진위를 가리거나 문제를 해결할 때 자신의 신념과 일치하는 정보만을 취하고 상반되는 정보는 무시하는 무의식적 사고 성향을 의미한다. 확증편향이라는 어려운 용어로 포장되었지만, 인간은 원래 진실을 외면하고 자신이 믿고 싶은 것만 선택적으로 믿는 존재다. 모든 시장의 지표는 주식이 하락한다는 신호를 보내고 있는데 일부 희박한 정보에 의거하여 내가 산 주식만은 오른다는 투자자, 업무 트렌드가 바뀌었는데도 예전의 업무처리 방식만 옳다고 주장하는 상사, 어떤 정책에 대해서 상대 정당에서 기안했다는 사실로 쓸모없다고 주장하는 정당 지지자 등 사실이 어떻든 상관없이 자기만 옳다며 상대방의 말을 귀담아듣지 않는 경우를 많이 볼 수 있다. 이들을 보면서 우리는 '한심한 사람들'이라며 손가락질하지만, 정작 나 자신도 그들과 크게 바르지 않다는 사실이 문제다.

한 사안에 대해서 객관적으로 보는 연습을 해야 한다. 어떤 상황에 대해서 그것이 좋은지 나쁜지, 맞는지 틀리는지 미리 판단해서는 안 된다. 일단 해당 상황이 발생한 원인 및 과정 등 사실 자체부터 명확하게 파악하고, 사안에 관한 판단은 그다음이다. 또한, 다양한 관점의 정보를 얻으려는 태도와 나와 생각이 다른 사람들의 의견도 기꺼이 들으려는 자세를 갖춰야 한다. 아울러 알게 된 내용이 내가 도저히 받아들이기 힘들지라도 그 내용이 객관적으로 입증된 것이라면 이를 수용한다는 마음가짐도 가져야 한다. 그래야만 오해나 오판으로부터 일어나는 많은 어려움을 피할 수 있을 것이다.

One More Point.

가짜뉴스와 내 말이 옳다고 주장하는 목소리 큰 사람들로 북적이는 사회다. 무엇이 진실이고 무엇이 거짓인지 도무지 분간하기 어렵다. 그렇다 하더라도 편향에서 벗어나 객관적으로 사안을 파악하기 시작한다면, 숨어 있던 진실들이 우리 앞에 나타날 것이다.

16장

객관적으로 보기 ②
자신을 파악하는 법

자기 자신에 대해서 더 잘 알면 알수록
당신은 당신 외부의 세상과 더 나은 관계를 맺을 수 있게 될 것이다.
-에릭 에릭슨

    소크라테스의 '너 자신을 알라'만큼 유명한 격언이 또 있을까. 그리스 여행기 작가인 파우사니아스에 따르면 델포이의 아폴론 신전 앞마당에 새겨져 있던 말이라고 한다. 흔히 '너 자신을 알라!'고 하면 '네 주제 파악이나 해라'라는 뜻으로 오해하기 쉬운데 진정한 의미는 '네가 너 자신을 얼마나 알고 얼마나 모르고 있는지를 알라'가 맞다.

    하는 일마다 내 맘 같지 않고, 내가 처한 환경에 항상 문제가 있는 것처럼 느껴질 때가 있다. 이를 바꾸는 방법으로 '자신을 파악하라!'라는 조언이 제시되고는 한다. 내 위치를 알고 해당 위치에서 할 수 있는 최선의 방법을 찾는 것이 필요하다는 조언이다. 그런데 문제는 자신에 대한 명확한 정의를 가지고 있지 않다는 것이다. 사람들은 '나는 ○○한 사람이다', 아니면 '○○를 해야 하는 사람이다' 하고 자신을 쉽게 규정지어 버린다. 자신이 정한 범위 안에서만 생각이 맴도니, 자신이 보유하고 있던 강점이나 고유의 성향과는 반대가 되는 결정과 행동을 하고는 한다. 자신의 성향과 역량을 정확히 파악해야만 삶의 개선점을 찾거나, 새로운 출발점 위에 설 수 있을 텐데, 우리는 오늘도 엉뚱한 곳에 시간과 노력을 쏟아붓고 있다.

자기 자신을 파악하는 대표적인 방법론으로 '메타인지'와 '자아인식'이 있다. 메타인지는 '자신의 인지 과정에 대한 인지 능력'으로 '내가 무엇을 알고 무엇을 모르는지를 아는 것'이다. 이는 자신의 역량과 성과 등에 대해 객관적으로 평가할 수 있는 능력이라고 할 수도 있다. 자아인식 능력은 자신의 흥미, 적성, 특성 등을 파악하고 이해하여 자기 정체감을 확고히 하는 능력이다. 간단히 이야기해서 메타인지는 자신의 역량을 파악하는 방법이고, 자아인식은 자신의 심리적인 상태를 파악하는 방법이다.

메타인지와 자아인식이라는 방법론을 구현하려면 일단 자신을 객관적으로 바라보는 연습을 해야 한다. 자신을 파악하기 위해서 타인의 조언을 들으라는 이야기도 있다. 하지만 남들에게 나의 장단점을 솔직히 말해달라고 해서 타인이 나에게 솔직하게 이야기 해줬더니 '그건 아니고~!' 하는 부정적인 반응이 나오는 것이 일반적이다. 결국 나만이 자신을 파악할 수 있고, 정답을 내릴 수 있는 존재도 나 자신뿐이다.

명상법에서 자신을 성찰하는 방법으로 자신을 제3자가 본다고 간주하고 자신을 관찰하는 방법을 추천한다. 이를 약간 변형하여 제3자의 눈으로 나 자신인 ○○ 씨의 생활태도, ○○ 씨가 하는 일, ○○ 씨의 대인관계 등을 한번 바라보기를 바란다. 그러면 ○○ 씨는 어떤 일을 잘하고, 어떤 분야에 흥미가 있고, 무엇을 잘 못하는지의 모습이 머릿속으로 그려질 것이다. 그러고 나서 ○○ 씨를 다시 나 자신으로 치환하면, 나는 어떤 성향이고, 강점과 약점이 무엇인지 그 범위가 잡힐 것이다.

나 자신의 강점과 약점 성향들을 파악했다면 이를 기반으로 자신이 있어야 할 곳과 방향을 잡아나갈 수 있을 것이다. 그리고 이를 위해 스스로 할 수 있는 일과 또 준비해야 할 일에 대해 계획을 세워 전진해야 할 것이다.

One More Point.

뜻대로 되지 않는다고 불안해하며 시간을 보내기보다는 일단 자신을 객관적으로 바라보는 것부터 시작하기를 바란다. 이 행동이 나의 미래를 준비하는 시발점이 될 것이기 때문이다.

17장

객관적으로 보기 ③
문제해결을 시작하는 법

모든 삶은 근본적으로 문제해결이다.

-칼 포퍼

   인생의 행로에는 곳곳에 장애물이 숨겨져 있다. 문제가 발생했다면 당연히 해결해야 한다. 문제가 없는 인생은 어쩌면 죽은 이후에나 가능한 일이다. 그런데도 해결은커녕, '내게 왜 이런 일이 닥치는 거야!' 하면서 일이 일어난 표면에만 집중하고 이로 인해 갈팡질팡하는 모습을 보이고는 한다. 혹은 '내게 이런 일이 생길 리 없다!'면서 문제 자체를 외면하거나 회피하는 모습도 자주 볼 수 있다.

   문제를 해결하기 위해서는 발생한 상황을 객관적으로 보는 것으로부터 시작해야 한다. 로마 공화국의 유명한 정치가이자 장군이었던 율리우스 카이사르는 "보기 싫은 현실도 볼 수 있어야 한다"는 말을 남긴 바 있다. 문제를 회피하기보다 일단 그 문제의 본질을 먼저 파악해야 함을 강조한 것이다.

객관적인 시각을 다룬 이솝의 일화가 있다.

이솝우화의 저자 이솝은 본디 노예였다. 어느 날 이솝의 주인이 술에 취해 친구들에게 자신이 세상의 바닷물을 모두 마셔 버릴 수 있다는 허언을 하며, 이를 자신이 해내지 못하면 전 재산을 내놓겠다는 내기를 했다. 다음날 술에서 깬 이솝의 주인이 자신이 한 내기의 심각성을 인지하고 전전긍긍하고 있는 와중이었다. 안절부절못하는 주인의 모습을 본 이솝은 그 이유를 들은 후 곰곰이 생각하더니 이렇게 조언했다. "친구들에게 바닷물을 전부 마실 테니 바다로 흘러드는 강물을 먼저 막아달라고 하십시오, 주인님은 바닷물을 마시겠다고 했지, 바다로 들어오는 강물까지 마시겠다고 한 적은 없습니다." 바다로 들어오는 강물을 무슨 수로 막을 것인가? 결국 이솝 주인의 내기는 없던 일이 되었다.

발등에 불이 떨어졌다. 길길이 날뛸 것인가? 그보다 잠시 멈추어 객관적으로 문제를 바라보면 보이지 않던 문제의 원인이 시야에 들어온다. 처음에는 심각하게 생각했던 난제들이 막상 별거 아닌 문제일 수도 있다. 만약 그 문제가 해결하기 어려운 문제라고 할지라도 문제의 원인을 알았으니 이를 해결할 실마리도 찾아나갈 수 있다.

'비극적 낙관주의'라는 개념이 있다. '홀로코스트'의 생존자인 오스트리아의 심리학자 빅터 프랭클이 처음 정의한 개념으로, 상실과 고통을 인정하지만 그럼에도 불구하고 삶에는 우리가 찾아야 하는 희망과 의미가 있다는 사고방식을 뜻한다. 《의미의 힘》의 저자 에밀리 에스

파니 스미스는 "비극적 낙관주의란 어떤 일이 벌어지면서 겪어야 하는 어려움과 고통을 받아들이고 동시에 희망을 포기하지 않는 능력을 인정하는 것"이라고 설명한다.

이 비극적 낙관주의를 문제해결에 적용할 필요가 있다. 객관적으로 문제를 바라본다는 것은 내게 고통스러운 문제가 발생했다는 사실을 인정하고, 그 문제를 해결하려는 방안을 찾는 과정이다. 그리고 방안을 찾는 과정은 해결 방안이 반드시 있다는 긍정적 믿음에 근거해야 한다.

내게 어려운 일이 생겼다고 할지라도 '이 일이 정말 내게 있어 어렵고 힘든 일인가?' 하는 근본적인 질문부터 던져볼 필요가 있다. 그리고 내가 직면한 상황에 대해서 자신의 감정을 배제한 채 최대한 객관적으로 문제를 바라보고 그 원인을 찾아보아야 할 것이다. 그러다 보면 해결 방안이 나타날 것이며 '알고 보니 별거 아니었군!' 하고 외치게 될지도 모를 일이다.

❋ One More Point.

상대가 강한지 약한지는 붙어봐야 안다. 지레짐작으로 겁부터 집어먹어서는 강함으로 위장한 약자에게도 KO패를 당할 수 있다.

18장

객관적으로 보기 ④
목적지에 도달하는 법

자기 객관화야 말로 일과 성취에서 가장 중요한 과정이다.
-아르투어 쇼펜하우어

　객관적이라는 의미의 사전적 정의는 '사물이나 생각, 상황, 대상을 자기 생각에서 벗어나, 제3자의 관점으로 보는 생각이나 경우'를 뜻한다. 영어로는 'Objective'다. 그런데 영어사전에서는 'Objective'를 '목표'로 정의한다.

　흔히들 삶의 목표 또는 목적을 정하겠다고 마음먹지만, 이를 어떻게 정해야 할지 첫 줄부터 난관에 빠지는 경우가 많다. 막연히 '나는 ○○를 하겠다', '○○가 되겠다'가 일반적이다. 자세히 보면 목표와 목적의 구별부터 되어 있지 않다.

　목표Objective와 목적Goal은 각각 다른 의미를 지닌다. 우선 목적은 최종적으로 도달하려고 하는 종착지를 의미한다. 이와 달리 목표는 목적을 달성하기 위한 구체적인 수단을 의미한다.

목적의 예시로는 '큰 기업을 운영한다', '성공한 강연가가 되겠다' 등을 들 수 있다. 그리고 목표의 예시로는 '내가 운영하는 기업의 연매출을 ○○원으로 끌어올린다', '나의 강의를 좋아하는 팬 1,000명을 우선적으로 확보한다' 등이다. 간단하게 정리하면 목적은 도착지, 목표는 목적(도착지)을 향해 가는 징검다리라고 할 수 있겠다.

'객관적으로Objectively 본다'는 것은 내가 설정한 목적을 실현하기 위한 목표를 설정하고 점검해 나가는 과정이라고 간주할 수 있다. 하지만 우리는 목적지에 도달하기 위한 과정, 즉 목표를 세우는 데 어려움을 겪으면서도, 나름대로 목표를 세우기는 한다. 하지만 그 세워진 목표가 오히려 목적지를 가는 데 방해물이 되는 경우가 종종 발생한다.

나 자신이 도달하고 싶은 목적지를 결정했다고 하자. 그러면 그 목적지로 가는 길과 방법은 한 가지가 아닌 무수히 많은 선택지로 나뉜다. 수많은 선택지 중에서 좋은 것을 고르기 위해 고민하지만, 실상은 '그냥 보기에 좋아보여서', 아니면 '그저 마음이 끌린다'는 이유로 깊은 성찰 없이 특정 선택지를 고르게 된다. 그리고 대부분 고심 끝에 고른 선택지는 잘못된 만남으로 이어진다.

목적을 달성하기 위한 적절한 목표를 세우기 전에 우선 자신의 현재 상황과 실력을 객관적으로Objectively 바라보아야 한다. '내가 무엇을 알고 무엇을 모르는지', '내가 무엇을 할 수 있고, 무엇을 할 수 없는지'를 먼저 파악한 후 목적지를 가기 위한 과정을 선택해야 한다. 그런 다음 자원과 노력을 투여해야만 하는 것이다.

예를 들어 한 학생이 '성공한 사람이 되고 싶다'는 목적을 설정했다. 그리고 1차로 유명 대학에 입학하겠다는 목표를 설정했다고 하자. 불행히도 해당 학생은 공부 머리가 없어 대학에 입학할지 여부도 불투명한 상황이다. 하지만 그 학생은 게임에 천부적인 자질이 있는 관계로 프로게이머가 된다는 것으로 목표를 변경했다. 결국 유명 프로게이머가 되었고 '성공한 사람이 되고 싶다!'는 목적지에 도달했다.

자신의 능력이나 성향을 객관적으로 바라보는 것은 분명 어려운 일이다. 하지만 객관적으로 삶을 바라보는 노력을 통해 실패로 가는 길을 피할 수 있고, 성공으로 가는 시간을 줄일 수 있다.

One More Point.

아집을 내려놓고 자신이 행하고 있는 삶의 과정을 제3자의 눈으로 바라보자. 그러면 어느덧 그토록 원하던 목적지에 도착해 있는 자신을 발견하게 될 것이다.

19장

객관적으로 보기 ⑤
현실을 직시하는 법

현실을 직시한다 함은 원하는 대로가 아니라 있는 그대로의 상황을 인정하고
하고 싶은 일이 아니라 해야 할 일을 한다는 뜻이다.

-래리 보시디

가끔 부자에 관한 기사를 볼 때면 기사에 달린 댓글을 보곤 한다. '다른 사람들은 기사 내용을 어떻게 판단하고 있나?' 궁금하기 때문이다. 댓글을 읽다 보면 기사 내용과는 상관없이 '나는 기사에 나온 사람처럼 부자가 될 수 있다'는 긍정의 댓글이 있는가 하면, '나는 뭘 해도 저 사람처럼 부자가 될 수 없을 거야' 하는 부정의 댓글이 혼재되어 있다.

'나는 잘될 것이다'는 긍정적인 자세와 '나는 안 될 것이다'는 부정적인 자세 중 어느 쪽이 삶에 도움이 될까? 자신을 낮추는 부정적인 자세보다는 자신에게 희망을 주는 긍정적인 자세가 도움이 되는 것은 당연하다. 그런데 현실에서는 어떤 때는 긍정적이어야 하지만, 때로는 부정적이어야 하는 상황도 빈번하다.

좀 과장해서 이야기하면, 약자의 인생이 나락으로 가는 것은 그리

어려운 일이 아니다. 자신의 위치를 고려하지 않고 '나는 잘될 거야!' 하고 되지도 않는 일에 매진했다가 나락으로 빠지고, 반대로 '나는 되는 것이 없을 거야' 하고 체념의 삶을 사는 경우에도, 꽃피울 수 있었던 잠재력을 외면하고 막장의 길로 빠져드는 경우를 볼 수 있다.

약자의 사회생활은 한 번만 발을 삐끗해도 절벽 아래로 떨어질 수 있는 외줄 타기와 비슷하다. 약자에게는 편하게 갈 수 있는 넓은 길이 주어지지 않고, 좁디좁은 하나의 외줄 타기만을 강요당하기 십상이다.

외줄 타기는 선택지가 없는 냉혹한 현실이다. 한 번이라도 중심을 잃으면 그대로 실패다. 따라서 실패를 하더라도 감당할 수 있는 범위 내여야 한다. 그래야만 다시 일어설 수 있다. 대형 사고(실패)가 한 번이라도 일어나면 만회할 방법이 거의 없다.

그러면 감당할 수 있는 실패의 범위는 어떻게 설정할 수 있을까? 그것은 자신이 처한 현실을 직시하는 데서 시작된다. '나는 잘될 거야', '내가 되겠어?' 하는 근거 없는 희망과 절망 사이에서 고민하기보다는 자신을 객관적으로 파악해 기회를 얻는 것이 중요하다.

직면한 현실을 기준점으로 삼아 긍정적일 때도 있어야 하고, 부정적일 때도 있어야 한다. 아무리 좋아 보이는 기회를 만났어도 '내게 가능한 일인가?' 하는 부정적인 접근이 필요하고, 버거운 문제를 만났더라도 내가 가진 능력을 생각해 보았을 때 '그래도 해볼 만하다'는 긍정적인 접근이 필요할 수도 있다. 결국 상황에 맞는 현실적인 접근이 실패의 확률을 줄이고 성공의 확률을 높이는 계기를 마련해 줄 것이다.

One More Point.

한없이 긍정적인 자세도, 한없이 부정적인 자세도 지양해야 한다. 긍정적이어야 할지, 부정적이어야 할지, 내 안의 나와 깊이 대화해 보라.

[쉬어가는 이야기 ①]

가진 것이나 배경이 없어서
힘들어 하는 사람을 위한 조언 (by 징기스칸)

배운 것이 없어 힘이 없다고 탓하지 말라.
나는 내 이름도 쓸 줄 몰랐으나 남의 말에 귀 기울이면서 현명해지는 법을 배웠다.

집안이 나쁘다고 탓하지 말라.
나는 아홉 살 때 아버지를 잃고 마을에서 쫓겨났다.

가난하다고 말하지 말라
나는 들쥐를 잡아먹으며 연명했고,
목숨을 건 전쟁이 내 직업이고 내 일이었다.

작은 나라에서 태어났다고 말하지 말라.
그림자 말고는 친구도 없고 병사로만 10만. 백성은 어린애, 노인까지 합쳐 2백 만도 되지 않았다.

너무 막막하다고, 그래서 포기해야겠다고 말하지 말라.
나는 목에 칼을 쓰고도 탈출했고, 뺨에 화살을 맞고 죽었다 살아나기도 했다.

적은 밖에 있는 것이 아니라 내 안에 있었다.
나는 내게 거추장스러운 것은 깡그리 없애 버렸다.

나를 극복하는 그 순간 나는 칭기즈칸이 되었다.

2부

변화를 일으키는 법

20장

잡다하게 해봐야 한다 ①
상황의 변화에 준비하는 법

여하튼 구체적으로 움직여라. 구체적으로 움직이면 구체적인 답이 나올 테니.
-아이다 미츠오

다양한 경험은 인생의 소중한 자산이다. 여행이나 다양한 취미활동을 통해 견문을 넓히라는 이야기인데, 이는 인생을 풍요롭게 하는 방법은 맞으나 사회생활에 있어서는 다른 해석이 필요하다. 사회생활에서 '견문을 넓히라'는 의미는 업무와 관련이 깊은데, 미흡하나마 할 줄 아는 것이 많으면 닥쳐오는 상황의 변화에 좀더 용이하게 대응할 수 있다는 의미다.

하나의 분야에 집중하여 전문가가 되고, 명성도 쌓으라는 조언을 듣곤 한다. 분명 맞는 말이나, 한 가지만 잘해서는 먹고사는 데 지장이 많은 것이 현실의 사회. 또한 미래에는 이러한 경향이 더욱 강해질 것이다. 슬픈 현실이지만 주력분야가 아닌 서브분야까지 미리 준비해 놓지 않는다면 할 수 있는 것이 없어 평균에서 뒤처질 위험이 있다.

많은 이들이 자신의 예상이나 바람과는 전혀 다른 일을 하며 살아간다. 지금은 아니더라도 미래에는 전혀 생각지도 않았던 일을 해야 할지도 모른다. 하고 싶은 일만 하며 살 수 있다면 축복받은 인생이겠지만, 대부분은 하고 싶은 일이 아닌 해야 하는 일을 하며 산다.

미래에 만나게 될 다양한 상황을 대비하기 위해서라도 심지어 지금 무엇을 하고 있는지 모른다는 느낌이 들지라도 새로운 분야를 해볼 기회가 생기면 감사한 마음으로 일단 해보는 습관이 필요하다. 그렇게 새로움에 대한 내성을 쌓아가야 한다.

명예퇴직을 한 후 그 험난하다는 치킨집 창업에 도전한 전 대기업 팀장의 이야기다. 그는 직장생활 대부분을 총무 파트에서 보냈다. 평소 말수가 적고 조용한 그가 퇴직 후 치킨집을 창업한다고 했을 때 주위의 걱정이 많았다. '영업 경험도 없는데 잘할 수 있을까?'

우려에도 불구하고 그는 능숙하게 치킨집을 운영했고, 비록 대박은 아니지만 회사에 다닐 때보다 높은 수익을 내면서 (지금은 치킨집 대표로) 순항하고 있다.

언젠가 내가 물었다. "조용하고 숫기 없던 양반이 어떻게 처음 하는 치킨집을 그렇게 잘 운영할 수 있나요?" 그는 대학생 때 2년간 치킨집 아르바이트를 한 적이 있는데 그 경험으로 치킨집 운영의 개요를 배웠다고 한다. 퇴직 후 치킨집을 할지는 상상도 못했지만 오래 전의 경험이 현재의 치킨집 운영에 밑거름이 되었다.

흔히들 좋아하는 일 말고 잘하는 일을 하라고 한다. 하지만 이를 뛰어넘어 전문역량이 없다 할지라도 이것저것 다양한 업무를 해봐야 할 필요가 있다. 아르바이트를 넘어 회사에 취업을 할 때, 혹은 제2의 인생에 도전할 때 계획과는 달리 평소에 생각지도 않던 분야에서 출발하게 되는 경우가 종종 나타나게 된다.

좋아하는 분야나 잘하는 분야에서 출발하는 사람은 행운아다. 대부분은 이도 저도 아닌 분야에서 일하거나, 앞으로도 그런 분야를 선택할 확률이 높기 때문이다. 어차피 직면하여 해야 할 일이라면 그 일을 만나기 전에 이것저것 해보며 조금이라도 경험을 쌓아 놓는 것이 현명하다. 혹시 아는가? 예전에 해보았던 경험 중에서 얻어걸리는 것이 있을지.

One More Point.

잘하면서 좋아하는 일을 한다면 금상첨화다. 잘하는 일이나 좋아하는 일 중 하나만 해당해도 좋은 일이다. 현실은 둘 다 거리가 멀다는 데 있다. 당신이 지금 하는 일을 언제까지 할 수 있을지 알 수 없으므로 좋아하지도 잘하지도 못하는 일이라도 일단 해보는 습관을 들이기 바란다.

21장

잡다하게 해봐야 한다 ②
미래 위험을 회피하는 법

무언가가 된다는 것은 어디에 도달하거나 어떤 목적을 이룬다는 의미가 아니다.
힘과 성장은 꾸준한 노력과 분투에서만 나온다.

-나폴레온 힐

'한 우물을 파라'면서 한 분야의 전문가를 권장하던 시절이 있었다. 지금도 전문가는 대우를 받는다. 그러나 개인의 입장에서 다가올 미래의 다양한 위험을 회피하는 데 있어서 한 우물은 그다지 좋은 준비는 아니다.

교토삼굴狡兔三窟이라는 고사성어가 있다. '날랜 토끼는 위기에 피할 수 있는 굴을 3개 가지고 있다'는 뜻으로 지혜로운 사람은 미리 준비하여 미래를 대비한다는 의미이다. 현대 사회는 하나의 굴만으로는 쉽지 않다.

굴을 잘 파기 위한 기술도 필요하다. 이것저것 경험해 보지 않고서는 굴을 파다가 만나는 변수에 대응이 어렵다.

'지금 하는 일만 해도 바쁘고 힘든데 언제 다른 분야를 경험해 보겠나?' 하는 푸념이 나올 수 있다. 힘든 것 맞다. 하지만 한 분야만 집중하다 만약 그 분야가 막혔을 경우 오늘날의 각박한 경쟁사회에서는 다른 길을 새롭게 경험하여 다시 시작할 여유가 없다.

회사에 다니면서 주말을 활용해 부동산 임장을 다니며 투자 인사이트를 얻는 사람, 회사업무가 끝난 후 피곤한 몸을 이끌고 자격증 공부를 하는 사람, 본업 시간을 쪼개 지인의 카페에서 바리스타 업무를 경험해 보는 사람. 잘되든 못 되든 간에 새로운 분야에 도전하는 사람들은 많다. 과거에는 이들이 별종이었을지 모르나, 지금은 누구에게나 일상이 되어야 한다. 인생이 과거보다 한참이나 더 길어졌음을 감안하면 이런 준비는 더더욱 필수가 되었다.

One More Point.

미래의 어느 순간에 당신이 어떤 처지에서 무슨 일을 하고 있을지 알 수 있다면 그 일을 미리 준비하면 된다. 이와 같은 예지력이 없다면 어떤 상황에서도 살아남는 방법들을 다양한 루트로 준비해 놓아야 한다.

22장

잡다하게 해봐야 한다 ③
다양한 인연을 만드는 법

―

혼자서는 작은 한 방울이지만 함께 모이면 바다를 이룬다.
-아쿠타카와 류노스케

소위 우리 주위에는 마당발이라 불리는 사람들이 있다. 어떻게 그렇게 인맥이 좋은지 거짓말 좀 보태서 모르는 사람이 없고 친하지 않은 사람도 없다. 깊이 없이 범위만 넓혀 인맥을 과시하는 것 아니냐고 의심의 눈초리로 바라볼 수도 있다. 하지만 그 마당발의 연계되는 인연은 분명 가치를 발휘할 날이 온다. 적어도 다양한 분야의 사람들과 교류하며 여기에서 파생되는 기회를 찾을 수 있는 빈도가 높아질 것이기 때문이다.

일이란 본래 혼자서는 이루어낼 수 없는 경우가 많은 관계로, 결국 다양한 사람들을 만나면서 일의 전개가 이루어지게 된다. 혼자 고민하던 문제를 더불어 이야기하다 보면 대화 속에서 문제해결의 실마리를 찾을 수도 있고, 도움받을 사람을 소개받을 수도 있다. 내가 속한 분야의 사람들과만 의논하면, 거기서 나오는 해결책도 거기서 거기일 수 있다.

전혀 엉뚱한 사람과의 만남은 새로운 발전을 위한 동력일 경우가 많다. 같은 분야에 속한 사람들과의 지속적인 만남도 분명 장점이 많다. 관심사도 비슷해 말도 잘 통한다. 서로를 의지하는 지인이나 친구의 관점에서는 더할 나위 없이 좋은 관계다. 그러나 여기가 끝이어서는 곤란하다. 발전을 위해서는 '같은 분야 사람들과의 만남만이 최선일까?' 하는 의문을 반드시 가져야 한다.

익숙한 분야의 사람들과의 대화는 전문적인 지식을 쌓는 데 도움이 된다. 반면 새로운 관점에서의 접근을 힘들게 한다는 단점 또한 존재한다. 생소한 사람들과의 만남은 익숙함과는 거리가 먼 정보를 어깨너머로 들을 기회가 되며, 향후 인생의 진로를 결정하는 데 있어 일종의 계기를 제공해 주기도 한다.

다양한 분야의 사람들을 만나기 위해서는 어떻게 해야 할까? 고민할 필요도 없이 내가 먼저 그곳에 뛰어들어야 한다. 새로운 분야를 배우기 위해 학원을 간다면, 그곳에서 다른 관점을 가진 사람을 만나게 될 것이고, 투자를 위한 모임에 나간다면 그동안 모르고 지냈던 새로운 투자법을 배울 만한 사람을 만나게 될 것이다.

새로운 친분을 맺고 그와 깊은 이야기를 나눈다는 것은 그다지 쉬운 일이 아니다. 특히 내성적인 사람에게는 더더욱 어려운 일이다. 그러나 한 분야에서 10명의 사람을 아는 것보다는 3~4개 분야에서 분야

별로 2~3명을 알게 된다면 세상을 보는 눈과 귀가 열릴 것이라 본다.

One More Point.

다양한 분야는 다양한 지식을 의미한다. 그리고 나와는 전혀 다른 길을 걸어온 사람과의 만남도 기대된다. 누가 알겠는가? 그곳에서 내 인생을 바꿔줄 현인을 만나게 될지.

23장

잡다하게 해봐야 한다 ④
길이 막혔을 때 개척하는 법

길을 잃었다고 낙담하지 마세요. 새로운 길을 발견할 기회입니다.
-달라이 라마

직장생활이 너무 힘들거나 정신적 공황이 왔다면, 가장 먼저 퇴사가 떠오른다. 정석은 이직 혹은 계획을 세운 후 퇴사다. 문제는 계획 없는 무대책 퇴사다. 이해는 된다. 회사 일이나 환경에 너무 치인 나머지 계획 없이 일단 그만두고 보는 경우 말이다.

대학 졸업 후 원하는 직장을 구하지 못한 취준생은 좌절과 절망에 휩싸여 무엇을 해야 할지 몰라 걱정에만 몰두한다. 직장생활에 잔뼈가 굵은 경우라도 퇴직 후 무엇으로 제2의 인생을 시작할지 몰라 걱정이 태산이기는 마찬가지다.

위의 사례들을 한마디로 정리하자면 가고자 하는 길에서 이탈했거나, 아니면 어느 길로 가야 할지 몰라 방향을 잃고 전전긍긍하는 경우들이다. 기존 자신이 가고 있던 길의 연장선 상에서 새롭게 길을 가게 되면 금상첨화일 테지만, 우리가 직면하는 현실은 녹녹치 않다. 길에서 한번 이탈해 버리면 선택의 여지 없이 제로베이스에서 다시 시작해야 하는 경우도 비일비재하다.

팔방미인처럼 갖가지 분야에서 적응할 수 있는 능력을 보유했다면 길을 이탈했어도 새로운 길을 찾기가 어렵지 않다. 그러나 대부분은 팔방미인이 아니라 편협한 삶을 살아왔던 게 사실이다.

이런저런 이유로 새로운 길에 대한 아무런 준비가 되어 있지 않다면, 늦었다고 생각하는 지금부터라도 부단히 준비하고 노력하기를 당부한다. 먼 훗날에는 '그때라도 시작할 걸' 하는 후회가 밀려올지도 모른다. 늦었다고 생각할수록 더더욱 지금부터라도 무엇이든지 닥치는 대로 경험해 봐야 한다.

제2의 인생을 준비하는 데 있어 무턱대고 새로운 것에 도전하거나 경험하는 것만이 다는 아니라는 반론도 분명 존재한다. '사람마다 고유한 특성과 능력이 있는데 무턱대고 경험하라고 하면 그것이 효율적이겠는가?' 하는 반론이다.

잠시 과거의 필름을 꺼내 보자. 고등학교 때부터 꿈꾸던 대학의 원하는 과에 합격했는가? 내가 생각해 왔던 것과 정확히 일치하는 전공을 공부했던가? 졸업 후 수많은 관문을 뚫고 취직을 했는데 회사의 일이 내가 바라던 바로 그 일이었던가?

인생은 내가 생각하는 대로 흘러가는 내 상상 속의 소설은 분명 아니다. 링 위에서 얻어맞기 전까지는 누구나 거창한 계획이 있다. 잽과

어퍼컷을 날리다 보면 생각지도 못했던 상황이 엄습한다. 나는 분명 팔을 뻗었는데 상대의 묵직한 카운터펀치가 나에게 치명타를 입힌다. 이처럼 현실은 계획과 다른 방향으로 흘러가기 일쑤다. 그래서 예상치 못한 일은 변수가 아니라 상수다. 언제라도 일어날 수 있음을 잊지 말아야 한다. 현실에서 나에게 맞지 않는다, 어색하다 해서 모르는 분야는 얼씬도 하지 않는 자세라면 꼼짝없이 KO패를 당하고 말 것이다.

✺ One More Point.

세상은 넓고 배워야 할 지식은 한 트럭이다. 인생은 탈출 게임과 같다. 하나의 장애물을 통과하면 다음 장애물이 기다린다. 장애물은 변수가 아니라 상수다. 반드시 나타나게 되어 있다. 더 이상의 장애물은 없을 것이라는 생각은 완벽한 착각이다.

24장

잡다하게 해봐야 한다 ⑤
감당할 수 있을지를 판단하는 법

해봤어?

-정주영

직장인들이 창업이나 부업으로 생각하는 최고의 아이템은 '카페'다. (대한민국의 격렬한 카페 간의 경쟁을 일단 제외한 후) 향기로운 커피 향과 더불어 찾아오는 손님들과 즐거운 대화를 나누고, 삶의 여유를 만끽하는 자신의 모습을 상상한다. 카페 사장으로 변신한 고상한 자신의 모습에 미소가 지어진다.

여기까지는 좋다. 그러나 실제 카페를 창업하거나 바리스타로서 카페 근무를 해보면 위의 상상이 얼마나 큰 망상이었는지 즉시 깨달을 수 있다. 아침 일찍 카페에 나와 기기 및 원재료 수급 등을 점검, 진상 손님 응대, 아르바이트생 관리, 매장 청소, 옆 가게와의 마찰 등 그야말로 하루가 어떻게 지나가는지도 모를 만큼 휴식 없이 일해야 한다. 만약 찾아오는 손님이 드물어 하루 대부분이 휴식 모드라면? 볼 것도 없이 곧 망할 텐데 무슨 의미가 있겠는가.

　나는 커피를 매우 사랑한다. 바리스타로서 카페 매니저로 근무한 경험도 있다. 그러나 커피를 너무 좋아함에도 불구하고, 실제로 나만의 카페를 가지고 싶다는 꿈을 가지고 준비했음에도 불구하고 지금은 카페 쪽 일은 쳐다보지도 않는다. 실제로 카페 일을 경험하면서 내 실력이 타 카페를 압도한다는 보장도 없고, 카페 일보다는 다른 일이 더 효율적이라는 결론을 내렸다. 내가 실제로 카페 일을 체험하지 않았다면 다른 이들처럼 나 역시 상상에 도취되어 카페를 차렸다가 실패의 여정에 참여했을지도 모른다.

　모든 일은 겉으로 보이는 장점과 뒤에 숨은 문제점이 공존한다. 겉으로 보이는 장점은 쉽게 확인이 가능하지만, 문제점은 부딪혀 보지 않는 한 알아낼 방법이 없다. 결국에는 조금이나마 경험을 해봐야 이 일을 더 할지 아니면 여기서 멈출지 견적을 낼 수 있다.

　정체를 알 수 없으니 일단 보이는 장점을 기반으로 뛰어들어 본다. 그런 후 실전에서 경험을 쌓으며 보이지 않던 문제점들과 하나둘 만나게 된다. 그 문제점들이 내가 뛰어넘을 수 있을 정도의 허들이라면 도전을 계속해도 좋다.

　현재 내가 종사하고 있는 분야가 내 삶에 있어 정답이라고 할 수는 없겠지만, 여러 분야를 조금이나마 경험해 본 결과 감당 가능한 수준이라면 조금은 편해진 마음으로 길을 갈 수 있다. 대부분은 그렇게 살아간다. 남과 비교해 내가 가진 능력이 비범하고 특출나기 때문에 이 일을 하고 있다고 자신하는 사람이 과연 얼마나 되겠는가.

퇴직 후 프랜차이즈에 뛰어든 자영업자 대부분이 실패하는 이유는 무엇인가? 사람마다 제각각의 사연이 있겠지만, 그중 하나로 자신이 하고자 하는 업의 정체를 제대로 파악하지 못했기 때문이 아닐까. 어쩌면 그게 다일 수도 있다. 의외로 안이한 판단으로 인생을 그르치는 사람들이 많다. 브레이크가 잘 작동하는지 출발 전 확인만 했어도 피할 수 있는 사고가 잦다는 의미다.

내 자산의 전부에 대출까지 들어갈 수 있는 일을 앞두고도 너무나 쉽게 낙관하는 경우를 종종 본다. '그다지 어렵지 않아', '그동안 보인 내 능력을 생각하면 이 정도의 일은 식은 죽 먹기보다 아주 조금 더 어려운 수준이지.'

천재 과학자인 아인슈타인도 주식투자는 젬병이었다. 서울대를 나왔다고 모든 일을 다 잘하진 않는다. 괜히 프랜차이즈 등의 창업을 결정하기 전에 다른 가게에서 한 달 정도라도 파트타이머로 일해 보라는 것이 아니다.

진로를 결정하는 데 있어 가장 중요한 포인트 중 하나는, 무엇을 잘한다는 개념보다는 '이런저런 문제점들이 발생했을 때 이를 감당하며 전진할 수 있는가?'가 아닐까.

여러 분야를 경험해 보면 자신이 감당할 수 있는 분야를 만나게 될 것이다. 그러면 죽이 되든 밥이 되든 길을 떠나는 수밖에. 현실은 지금 우리가 이 자리에 멈춰 있어도 된다고 허용하지 않기 때문이다.

One More Point.

이길 수 있다는 자신감은 환영할 일이다. 그러나 자신감이 지나쳐 상대를 얕보았다가는 링 위의 결투에서 '땡'하는 시작종이 울림과 동시에 바닥에 쓰러져 KO패를 당한 자신과 만나게 될 것이다. 성공한 복서가 되려면 링 위에 오르기 전 수없이 맞아봐야 한다.

25장

자신을 한정 짓지 않는다 ①
타인의 의견을 듣는 법

그 사람의 신발을 신어보기 전에 그 사람을 평가하지 말라.

-아메리카 인디언 속담

대화중 "나는 ○○한 사람이다!"는 표현을 쓰는 이들이 많다. 긍정적으로 해석하자면 주관이 뚜렷한 사람일 것이고, 부정적인 면으로 보면 답답한 사람으로 해석될 수 있다(개인적으로는 '당신이 ○○한 사람이라는 게 나에게 어떤 의미라는 말인가?' 하고 반감이 생기기도 한다).

그런데 대부분의 사람들은 표현하지 않을 뿐, 자기도 모르는 사이에 '나는 ○○한 사람이다!'는 마음 속 규정을 갖고 있다. 대화 속에서도 '나는 ○○가 옳다고 생각하기에 당신의 의견은 받아들일 수 없다, 왜 저 사람은 XX한 생각에서 벗어나지 못할까?' 같은 생각을 마음속에 품는다.

의식적이든 무의식적이든 자신을 '○○한 사람'이라고 규정지으면 일종의 내면의 필터가 형성된다. 그리고 외부에서 들어오는 어떤 이야기라도 자신만의 필터로 걸러 듣게 되므로 결국에는 자신이 듣고 싶고 익숙한 이야기만 듣게 된다.

결국 타인의 이야기를 듣고는 있지만, 일정한 벽을 세우고 자신의 생각만 강화하는 결과로 이어지게 된다. 여기서 더 나아가면 내 생각만 옳고, 너의 생각은 무조건 배척하는 손쓸 수 없는 지경에 이르기도 한다.

이 이야기를 정치로 옮겨가면 더욱 극단적인 경우가 발생한다. 진보의 의견에서도 적용할 것이 있고, 보수의 의견에서도 배울 점이 있기 마련이다. 그렇지만 우리가 당면한 정치판을 보라. 상대의 의견에 검토 없이 무조건 '나는 보수주의자라서 좌파 쪽에서 내놓은 의견을 용납할 수 없다.' '나는 진보주의자인데 극우에서 내놓은 의견을 전혀 신뢰할 수 없다!'는 식이다. 상대방의 의견에 색안경을 쓰고 바라보니 간혹 건설적인 이야기가 나오더라도 더 이상의 진전이 없이 끝은 항상 비난으로 마무리된다.

'사람은 고쳐 쓰는 것이 아니다'는 말이 있다. 사회생활을 하면서 사람들을 겪다 보면 일종의 진리라고 여겨지는 말이다. 우리 모두 사람인지라, 한번 일정한 성격 틀이나 인식 틀이 잡히면 다른 방향으로 돌리기가 너무나 어렵다. 남을 바꾸기도 힘들고 나 자신을 바꾸기는 더더욱 어렵다. 즉, 사람이 변한다는 것은 너무도 어려운 일임을 인정하지 않을 수 없다.

현실적으로 변화가 불가능에 가깝다면 차선책으로 '나는 ○○한 사람이다'는 생각을 조금이나마 내려놓는 것(자신을 한정 짓는 생각에서 탈피하는 것)에 대해서 생각할 필요가 있다.

세상에는 A라는 의견을 가진 나 같은 사람만 있지 않다. B라는 의견을 가진 이런 사람도 있고, C라는 의견을 가진 저런 사람도 있다. 정말 예외적인 경우를 제외하고는 A의견, B의견, C의견에서 일부라도 배울 점이 있다.

이처럼 세상에 넘쳐나는 의견들로부터 하나라도 더 배우려면 나의 생각과 의견을 잠시 뒤로하고, 자신에 대한 정의를 내려놓은 상태로 타인의 의견을 들어야 한다. 그 의견을 수용하든 비판하든 간에 일단 정확한 내용은 들어봐야 하지 않겠는가?

시대를 앞서가는 천재가 아니라면, 다른 의견에서 시사점을 찾아 자신에게 적용해야 마땅하다. 가감 없이 타인의 의견을 들어야만 옥석을 가려 내 것으로 소화할 수 있다. 반면 자신을 내려놓지 못하고 자신만의 기준에 매몰되어 있다면 더 이상의 발전은 기대하기 힘들지 않을까.

✹ One More Point.

응석받이 아이에게서도 교훈을 얻을 수 있다. 하물며 굴곡진 한 인생들로부터 무언가를 얻고 싶다면 먼저 듣는 귀가 열려 있어야 한다. 편견 없이 마음의 귀를 열어놓는다면 당신을 성장시킬 수많은 잠언들을 접할 수 있을 것이다.

26장

자신을 한정 짓지 않는다 ②
직업이나 직책에 얽매이지 않는 법

한 권의 책만 읽은 사람은 위험하다.
-토마스 아퀴나스

어느 분야에 일정 기간 몸담고 있다 보면 '나는 직장에서 A라는 업무를 하고 있는데 B라는 일을 해도 될까?(하면 안 된다)' 등의 고민을 하게 된다. 특히 전혀 모르던 새로운 분야에 직면하게 되면 고민의 강도는 더욱 커진다.

유통업계에서 머천다이저(시장분석, 상품 기획, 진열 및 판매, 재고 관리에 이르기까지 유통의 전 단계에 걸쳐 업무를 수행하는 사람)로 오랜 기간 일해온 지인이 있다. 그는 자기 업무에 자부심을 느꼈고 어디에서나 "나는 영원한 머천다이저"라고 자신을 규정했다. 그리고 시간이 흘러 승진하여 관리자 업무를 수행하게 되었다. 머천다이저가 아닌 기획 팀에 발령받아 일하게 되었다. 사실 그는 영원히 머천다이저로 일하리라 믿었기 때문에 다른 일을 할 것이라고는 상상도 못했다. 결국 그는 업무에 적응하지 못해 내적 갈등에 빠지고 말았다. 다행인지 모르겠으나 한동안 업무에 적응하지 못해 헤매던 지인은 결국 다른 회사로 이직하여 자신이 그토록 좋아하던 머천다이저 업무를 다시 할 수 있었다.

이 이야기는 역경을 이겨내고 적성을 다시 찾은 한 직장인의 해피엔딩으로 해석할 수도 있다. 여기서 추가적인 이야기가 있다. 세월이 흘러 그는 다시 회사를 옮기게 되었는데 거기서는 관리직을 제안했다. 지인은 다시 머천다이저 업무를 하지 못하게 될까 봐 걱정이 이만저만이 아니었다. 여전히 '나는 아직도 머천다이저다'라고 계속 마음을 다잡고 있었다.

언젠가는 머천다이저로서의 삶을 멈추고 새로운 길을 찾아야 할 텐데 자신이 정해 놓은 한계에 갇혀 오도 가도 못하는 상황에 빠져버렸고, 앞으로도 그 딜레마는 계속될 듯하다.

몇몇 운 좋은 사람들을 제외하면 하나의 분야에서 롱런하는 경우는 많지 않다. 예를 들어 회사에서 총무 일만 해오다가 치킨 가게를 하거나, 마케터로 일하다가 갑자기 중소 연예기획사를 창업하거나, 보장된 공무원 생활을 하다가 퇴직하고 스타트업에서 근무하는 등(열거된 예시들은 내 주변인들의 실제 사례다) 진짜 상상하지 못했던 일들이 심심치 않게 목격된다. 이런 현실에서 예전 경험이나 경력에 얽매여 자신의 범위를 정해버린다면 어떤 일이 발생할까?

한 가지 분야에서 시작하여 그 분야에서 사회경력을 마치는 시대는 이미 끝나버렸다. 어느 순간에는 내가 지금까지 해오던 일과는 180도

다른 분야의 일을 해야만 하는 상황에 직면할 수도 있다. 그런데 예전의 직업이나 직책에 얽매여 자신의 업무나 능력 범위를 한정시켜 버린다면 제2의 인생은 시작도 못하고 좌초될 확률이 매우 높다.

자신의 분야를 한정 짓는 경우는 내가 정해서가 아니라 남들이 나를 보고 내리는 평가나 정의에 따라서 정해지는 경우가 대부분이다. 나의 가능성이나 미래는 정해지지 않았는데 회사의 직책에 집중하거나, 남들의 평가에 휘둘린 나머지 '나는 ○○다'라는 범위를 한정 짓게 되는 것이다.

One More Point.

자신을 한정 짓지 말아야 한다. 당신이 미래에 무엇을 하고 있을지도 모르고, 당신이 무엇을 해낼 수 있을지도 모른다. 미래의 범위를 스스로 축소하고 싶지 않다면 고고한 회화나무가 아니라 유연한 갈대가 되어야 한다.

27장

자신을 한정 짓지 않는다 ③
지레짐작을 막는 법

지레짐작으로 두려워하지 말라.

-세네카

'지레짐작'이라는 표현이 있다. 어떤 일이 일어나기 전 또는 어떤 기회나 때가 무르익기 전에 확실하지 않은 것을 성급하게 미리 하는 짐작을 의미한다. 어떤 상황에 직면했을 경우 이 '지레짐작' 때문에 기회를 놓치는 경우는 매우 흔하다. '나는 스펙이 부족해서 그 회사에 취직이 안 될 거야' 하면서 지원 자체를 하지 않는다거나, '나는 나이가 많아서 불러주는 곳이 없을 거야' 하면서 새로운 인생 이모작을 시도조차 하지 않거나, '나는 성격이 소심해서 그 업무와는 맞지 않을 거야' 하면서 회사 내에서 해보고 싶었던 업무공고가 나왔는데도 이를 그냥 포기하는 경우 등이다.

우리는 '내가 되겠어?'라는 섣부르고 짧은 생각에 막혀 우리에게 다가왔던 무수한 기회들을 그 누구의 방해가 아닌 자신의 선택으로 날려

버리고 있는지도 모른다. 지레짐작이라는 방어막을 통해 내게 왔던 기회들을 무사통과시켰던 이유는 무의식중에 자신에 대한 한계치를 미리 설정해 놓았기 때문이다.

한계를 정하는 것과 관련하여 말뚝에 묶인 코끼리에 대한 유명한 이야기가 있다.

서커스단에서 어린 코끼리를 길들일 때 말뚝에 박힌 쇠사슬로 어린 코끼리를 묶어 놓는다. 어린 코끼리는 말뚝을 뽑으려 하지만 실패에 실패를 거듭한다. 시간이 흘러 코끼리는 거대한 어른 코끼리가 되었다. 발길질 한 번이면 말뚝을 치울 수 있는데도 코끼리는 '되겠어?' 하는 생각에 말뚝을 뽑을 시도조차 하지 않는 지경에 이르고 만다.

지레짐작과 코끼리 이야기 사이에는 어떤 차이가 있을까? 시도하고 나서 안 되는 것은 어쩔 수 없지만 겉으로 드러나는 현상만을 보고서, 혹은 과거의 경험을 바탕으로 지레짐작으로 "나는 안 돼"를 외치고 있지는 않은지 생각해 보라. 자신의 범위와 한계를 막는 장애물은 그 누구도 아닌 자기 자신임을 알아야 한다.

자신의 한계를 미리 단정하지 말라는 이야기는, '당신은 무한한 능력을 가지고 있고 어느 분야라도 도전하면 어떤 어려움도 의지나 근성으로 이겨낼 수 있다!'는 터무니없고 비현실적인 말을 하려는 것이 아닙니다.(참고로 '당신은 무엇이든 될 수 있다!'라는 명제는 여러 자기계발서에서 이야기하는 내용이다. 그런데 노력과 근성으로도 진짜 안 되는 것도 있다. 예를 들어 나이가 50이 넘었는데 20대가 주축을 이루는 프로축구리그에서 뛰어보겠다고 아무리 노력해 보았자 절대 가능한 일이 아니다. 일본의 '미우라 가즈요시'라는 축구 선수는 50세가 넘어서도 현역 선수로 뛰고 있지만 어디까지나 매우 예외적인 경우다. 이런 예외를 자신에게 대입하면 안 된다. 특수한 경우를 목표로 삼는다면 세상에 이루지 못할 꿈이 없고, 가능하지 않은 일도 없다).

'내가 할 수 있을까?' 하는 의심을 잠시 내려놓아야 한다. '내게 안 되는 것이나 안 맞는 것이 어디 있겠나?' 하는 긍정적인 마음을 가지고 내 앞에 펼쳐지는 일에 대해서 편견 없이 바라보아야 할 것이다. 어차피 모든 시도는 '밑져야 본전'인데 한번 해보고 아니면 말면 되는 것이다. 미리부터 자신을 작은 말뚝에 묶어 놓고 한정 짓는 것만큼 바보 같은 짓이 어디 있겠는가? 이것저것 접하다 보면 본인에게 맞는 것도 있고 소위 범접할 수 없는 어려운 분야도 있을 것이다. 다만 지레짐작으로 자신을 한정하여 자신이 만날 기회를 발로 차버리는 행동만은 절대로 하지 말아야 한다!

✳ One More Point.

말뚝에 묶인 코끼리를 보면, 누구나 '어리석다, 안타깝다'는 감정을 갖게 된다. 제3자가 당신을 말뚝에 묶인 코끼리로 보지 않도록 나 스스로 얽매여 있는 것은 아닌지 고민해 봐야 한다. 손만 뻗으면 잡을 수 있는 기회는 반드시 손을 뻗어 잡아야 한다.

28장

자신을 한정 짓지 않는다 ④
미래를 준비하는 법

―

한계는 우리가 스스로 그려놓은 선보다 훨씬 더 멀리 뻗어 있다.

-존 우든

현대인들은 수많은 고민을 등에 지고 살지만, 삶에서 중요하면서도 무시할 수 없는 고민 중 하나는 '나는 앞으로 무엇을 할 것인가?' 또는 '나는 미래에 어떻게 될 것인가?'일 것이다.

어린아이들도 성적이 고민이고, 중고생은 대학이 고민이며, 대학생은 졸업 후 진로가 고민이다. 직장인은 진급이나 이직이 고민이고, 중년은 은퇴 후가 고민이며, 은퇴자는 노년이 고민이다. 고민은 꼬리에 꼬리를 물고 평생 이어진다.

불안한 미래에 대한 고민은 남녀노소를 가리지 않는다. 자신의 미래를 인도해 달라고 신에게 기도하는 사람들이 있는가 하면, 점술가를 찾아가 점을 치며 오지 않은 미래를 알고 싶어 한다. 대비하는 자세를 비난할 수는 없으나 알다시피 누구나 자신의 미래를 상상할 수 있을 뿐, 실제 미래에 일어날 일을 알 수는 없다.

자기계발서에서는 미래를 준비하는 방법으로 일단 방향성을 도출하고 그 방향성에 맞는 준비를 다각도로 해야 한다고 조언한다. 그리고 사회의 트렌드를 살펴보고 거기에 맞추어 자신을 연마해야 한다고 강조한다. 맞는 이야기다. 실제로 성공한 사람들의 야야기를 들어보면 거시적 트렌드를 선제적으로 파악하고 그에 맞추어 방향성을 정리, 그 후 꾸준히 정진한 결과 성공에 도달했다는 내용이 주를 이룬다. 그리고 당신도 할 수 있다고 응원한다.

그런데 문제는 사회 트렌드를 파악하고, 그 방향성을 도출하는 것이 너무 어렵다는 점이다. 사람들은 하나의 현상을 바라보며 100인 100색의 다양한 의견을 가지게 된다. 어떤 사람은 A라는 트렌드를 바라보며 '이게 될 거야' 하는 판단을 하고 준비하는 반면, 어떤 사람은 동일한 A트렌드를 보며 '이건 안 될 거야'라는 판단을 내린 후 B라는 트렌드에 방향을 맞춘다.

누구의 선택이 맞을까? 성공을 위한 준비는 어떻게 보면 정해지지 않은 미래를 걸고 하는 일종의 도박이 아닐까 하는 생각도 든다.

과거 교사라는 직업이 최고의 직장으로 간주되고 경쟁률도 사상 최고였던 시절이 있었다. 그 시절의 고등학생들은 안정적인 교사생활을 꿈꾸며 치열한 경쟁을 뚫고 교대에 입학했다. 시간이 흘러 졸업 후 교사의 길로 나가려 하는 현시점에서는 어떤가? 학생감소 및 교사에 대한 불합리한 처우가 겹치면서 교직에 대한 인기는 하향세에 접어들었다. 교사라는 미래에 자신을 걸고 시간을 투자했던 학생들은 현재의 상황을 상상했을까?

미래는 모른다. 간단한 예로 "내가 이런 사람과 결혼할지 몰랐다"는 기혼자들의 말을 자주 듣는다. 분명히 내가 상상하고 꿈꿔왔던 배우자의 모습이 있었다. 그런데 현재 내 옆에 있는 배우자의 모습은 180도 다른, 그리고 배우자를 만나기 위해 여러 가지 방법을 시도했는데 전혀 엉뚱한 계기로 배우자가 될 사람을 만나게 되는 경우다.

미래를 모르기에 자신의 분야나 목표를 한정하지 말아야 한다는 역설이 발생하게 된다. 미래의 내 모습은 내가 상상하는 대로 이루어지기도 하지만, 전혀 내가 상상조차 하지 못했던 모습의 나를 발견할 수도 있다. 아마 통계를 내보면 전자보다는 후자의 경우가 더 많을 것이다.

물은 한 곳이 막히면 다른 곳을 찾아 흘러넘친다. 자연스러운 현상이다. 우리 인생도 마찬가지다. 하나의 길이 막히면 다른 길이 열린다. 지금은 미래를 위해 A라는 분야를 준비하고 있더라도 언제든지 다른 이벤트가 나타나면 기꺼이 받아들이는 태도를 가져야 한다. 또한 A라는 분야가 막혔다고 좌절할 것이 아니라 앞으로 만날 B를 위한 기초체력을 쌓았다고 위로하는 자세를 가져야 한다.

One More Point.

인생은 모 아니면 도의 도박이 아니다. 올인을 했다가 모두 잃으면 어떻게 되는가? 어느 경우라도 인생은 계속되어야 한다. 인생이 계속되려면 도박처럼 올인을 할 것이 아니라, 늘 대안을 미리 마련해 두고, 플랜 B, 플랜 C, 플랜 D… 이처럼 되도록 많은 경우의 수를 생각해 두어야 한다. 한 번 사는 인생, 못 먹어도 고가 아니다. 한 번 사는 인생이므로 끝까지 탈 없이 가도록 안전운행에 힘써야 한다.

29장

새로운 것 접하기 ①
변화를 위한 실질적 방법

―

변화는 삶의 법칙이다. 과거나 현재에만 머물러 있는 사람은
미래를 놓치게 될 것이다.

-존 F. 케네디

사람들은 일상을 벗어난 변화에 대한 갈망을 마음속에 품고 있지만, 품고만 있을 뿐, 변화의 시작에 대해서는 무거운 엉덩이를 좀처럼 일으키려 하지 않는다. '나는 무엇을 해야 할까?', '나는 어디로 가야 할까?' 고민하지만 '변화를 일으키기 위해서는 어떻게 해야 하지?'에 대한 답을 찾지 못하기에 불만족스러운 현재에서 벗어나지 못한다.

새로운 것을 접해야 한다는 이야기를 많이 듣게 된다. '새로운 것을 접하라'는 조언은 수많은 자기계발서에서도 강조하는 내용이다. 새로운 것을 접하기 위해서는 어떤 행동을 해야 한다는 내용도 넘칠 정도로 많다. 이처럼 당연한 이야기를 왜 그렇게 많은 책들이 강조하는가? 새로운 것을 접하는 일이야말로 변화의 시작점이기 때문이다.

지속적으로 새로운 것을 접하다 보면 '더는 이렇게 살면 안 되겠다'

는 깨달음이 생긴다. 혹은 갑자기 '다른 분야의 일을 해보고 싶다'는 소망이 생기기도 하고, '인생의 모델을 찾았다'고 할 만큼 새로운 목적지를 발견하는 일련의 이벤트가 발생한다.

물론 새로운 것을 계속 접하고 다닌다고 해서, 새로운 사람들을 만나고 다닌다고 해서 어느 날 갑자기 유레카!를 외치기는 힘들다. 처음에는 '어 좀 다른 게 있네?' 하고 어렴풋이 생각하다가 금방 잊게 되기도 한다. 그러나 자연스럽게 새로운 것을 지속적으로 접하다 보면 어느 날 무언가에 호기심이 발동한다. 그리고 이 작은 호기심이 성장하여 '나는 ○○을 하고 싶다' 하는 생각으로 이어지게 된다. 아울러 '내가 만난 새로운 것을 실현하려면 어떻게 해야 할까?'로 연결되고, 결국 '나는 ○○ 분야를 해야 하겠구나' 하는 결심과 동기가 생긴다.

애견용품점을 운영하는 지인이 있다. 원래 애견의 애자도 모르는 사람으로, 반려동물하고는 전혀 상관없는 인생을 살아왔다. 어느 날 지인의 직장동료가 강아지를 한 마리 분양한다고 해서 얼떨결에 받았다고 한다. 당시에는 강아지를 받고 싶지 않았지만 하나뿐인 딸이 너무 원했던지라 어쩔 수 없이 받았다. 슬프게도 어린 딸은 강아지를 좋아하지만 강아지 관리는 외면했다. 집에서 강아지를 돌볼 사람이 아빠뿐이어서, 지인은 먹이고 씻기는 과정들을 처음부터 시작해야 했는데, 그때부터 인생에 변화가 생겼다.

열심히 돌보다 보니 강아지가 예쁘고 사랑스러워지기 시작했다. 그래서 애견 분야가 궁금해졌고, 애견 공부를 시작하고, 어찌어찌하다 보니 급기야 다니던 회사를 관두고 애견샵을 차려 새로운 분야에 안착하게 된 것이다. 반려견을 만난 새로운 경험에서 시작해서 애견에 대한 배움을 통해 자신의 진로를 바꾼 경우다.

삶을 변화시키고 싶다면 고정관념에서 탈피해야 하고, 내가 했던 경험을 새롭게 성찰해야 한다. 이렇게 다양한 방해물을 넘어서야 새로운 길이 보인다. 현실에 안주한 자신을 뛰어넘기 위해서는 효과적인 동기부여가 필요한데 '새로운 것 접하기'만큼 효과적인 것은 없다. 변화나 배움의 시작을 위한 다른 거창한 실천 방법들에 비해 우리가 해볼 수 있는 상대적으로 쉬운 방법이 아닐까 한다.

One More Point.

카를 바르트는 이렇게 이야기했다. "어느 누구도 과거로 돌아가서 새롭게 시작할 수는 없지만 지금부터 시작해서 새로운 결말을 맺을 수는 있다." 아직 우리 인생은 진행 중인 관계로 결론이 나지 않은 상태다. 현재 예상되는 인생의 결말이 아닌 다른 결말을 맞이하고 싶다면 새로운 것을 계속 접해보기 바란다. 분명히 변화의 계기가 생길 것이다.

30장

새로운 것 접하기 ②
삶을 돌아보는 법

경험은 당신에게 일어나는 일이 아니라 당신이 하는 일이다.

-올더스 헉슬리

    새로운 것을 접한다는 것은 삶에 새로운 변화를 일으키는 동력이 되기도 하지만 그동안 살아왔던 인생을 돌아보는 계기가 되기도 한다. 우리는 모두 내 삶의 방향과 다른 삶을 만나면 예전에 하던 관성이 있어 무조건 다른 삶은 옳지 않다고 단정 지어 버린다. 그러나 '이런 삶도 있었구나' 하고 인정하는 태도를 취하면 자신의 삶을 다시 심사숙고하는 기회를 가질 수 있다. 내가 그동안 살아온 삶이 적절했는가? 나는 그동안 잘 살아온 것일까? 하는 질문을 스스로에게 던지기 시작하는 것이다.

    민망하지만 나의 경험담을 이야기해 볼까 한다.

    과거의 나는 한 대형 홈쇼핑사에서 머천다이저 업무를 수행했던 적이 있다. 그러다 보니 다양한 기업의 영업사원들을 만나 친분을 쌓을 기회가 있었다. 우연한 기회에 중앙부처 사무관으로 일할 기회가 생겼고, 해당 영업사원들과는 교류가 끊어졌다. 이리저리 치이면서 공무원 생활을 하고 있던 중, 예전에 알던 한 영업사원의 전화를 받았다. "예전 홈쇼핑 업계 종사자 모임을 운영하는데 한번 나와서 얼굴 좀 보여주시오" 하는 내용이었다. 나는 흔쾌히 수락했다.

예전에 만나던 영업사원들과 재회하니 어떤 이는 한 회사의 대표가 되었고 어떤 이는 투자를 통해 성공하는 등 과거와는 다른 모습이었다. 그 자리에서 월급쟁이는 나뿐이었다. 내가 이야기할 것은 정부 정책 방향이나 조직 내 돌아가는 이야기가 고작이었지만, 다른 사람들은 내가 접하지 못했던 다양한 분야의 이야기나 성공담을 숨 쉴 틈 없이 쏟아내었다. 조직이라는 온실 속의 화초였던 나에게는 모든 이야기가 새로움 그 자체였다. 그러나 새로운 이야기를 듣는 것보다 더 인상 깊었던 것은 여기 있는 사람들은 '모두 자유롭구나!' 하는 느낌이었다.

모임을 마치고 내가 살아온 삶을 다시 생각하게 되었다. 내 경우 그 동안 회사나 조직에서 인정받기 위해서 더러운 꼴도 참아내고 불철주야 노력했지만, 내게 남은 것은 무엇일까? 남들이 알아주는 지위? 상대적으로 좋은 급여? 그런 것도 좋지만 결국 타인의 의지와 이익을 위해 끌려다니는 월급쟁이 신세라는 사실을 다시금 깨달았다.

이 만남을 계기로 내 삶을 돌아보게 되었고, '이렇게 사는 건 아닌 것 같다!'는 결론에 이르게 되었다. 늦었지만 사회에서 혼자서 버텨나가도록 도와주는 심도 있는 공부를 시작하게 되었고, 나를 영원히 보호해 줄 것이라 여겼던 조직을 떠나 창업의 길로 들어섰다.

창업이 다 그렇듯 처음에는 무수히 많은 시행착오를 거쳤다. 그렇게 좌충우돌하다 보니 시간이 흘렀고, 현재는 성공했다고 말하기 어렵지만 약간의 시간적·경제적 여유가 생겼다. 가장 좋은 점은 타인에게 끌려다니는 삶에서 벗어났다는 사실이다. 작은 범위일지라도 내 삶을 내가 컨트롤할 수 있다는 것 자체가 가장 좋은 전환 포인트다.

만약 그 모임에 나가지 않아 새로운 삶을 목격하지 못했더라면, 삶에 대한 돌아봄 없이 나는 계속 조직 안에서의 성공이 최고라고 생각하면서 나의 몸과 마음을 조직에 바치고 있었을지도 모른다. 그렇게 했다면 조직에서 성공을 거두었을지도 모르겠지만, 적어도 나 자신에게 충실한 삶을 살지는 못했을 것이라는 생각도 든다.

현재의 삶에 매몰되어서는 안 된다. 물론 현재를 지극히 만족하는 사람도 있을 것이다. 그렇다 할지라도 일단 새로운 삶의 세계를 경험할 필요가 있다. 나는 현재의 삶에 만족한다고 생각했는데 자신의 삶에 만족한다고 하는 자기기만에 빠져 있지는 않은지 모를 일이다. 새로운 것을 접함으로써 자신을 돌아보는 계기를 얻으면, 이를 기반으로 삶의 방향성을 찾는 작업을 하게 될 것이다.

✺ One More Point.

새로운 것을 접하는 것이 언제나 옳은 답을 주지는 않는다. 그러나 동기부여 하나는 확실하게 해줄 것이다.

31장

새로운 것 접하기 ③
자신의 본질을 아는 법

―

본질이 잊혀지면, 형식이 중요해진다.
-세라비

지금까지 해오던 일과 다른 새로운 분야를 만났을 때, 특히 그 새로운 분야가 보기에 멋져 보이기까지 한다면, 도전해 보고 싶은 충동에 쉽게 휩싸인다. 멀쩡히 잘 다니던 직장을 그만두고 유튜버나 가수, 배우에 도전한다는 사례를 심심치 않게 볼 수 있다. 그러나 머잖은 미래에 보이지 않던 부분에 놀라 예전의 본업으로 돌아오는 경우도 꽤 있다.

'여우와 두루미' 이야기를 떠올려보자. 어느 날 여우가 두루미를 식사 자리에 초대했다. 여우는 두루미를 반갑게 맞이하며 곧 둥근 접시 두 개에 음식을 담아 내왔다. 그러나 부리가 긴 두루미는 도저히 음식을 먹을 수가 없었다. 며칠 후 이번에는 두루미가 여우를 초대했다. 여우가 방문하자 두루미는 호리병에 음식을 담아 내왔다. 여우는 주둥이가 짧아 호리병 속의 음식을 먹을 수 없었다.

이 이야기는 남을 배려하지 않고 자신의 잣대로 행동하는 것에 대한 비판이다. 그렇지만 이를 다른 관점에서 접근해 보자.

여우와 두루미는 유튜버였는데, 여우는 둥근 접시에 음식을 먹는 방법으로, 두루미는 좁은 호리병을 활용해 음식을 먹는 방법으로 유명세를 타고 있었다. 여우와 두루미는 유튜브 조회 수를 올리기 위해 합방을 하기로 했다. 우선은 여우 채널에 두루미가 초대되었다. 두루미는 여우 채널에서 둥근 접시에 음식 먹기에 도전했다가 이미지만 망가졌다. 그 후에는 두루미 채널에 여우가 초대되었으나, 여우는 호리병만 만지작거리다 방송 분량을 뽑아내지 못하고 말았다. 두루미나 여우는 새로운 시도에 기반한 합방을 거하게 말아먹은 후 깨달았다. 내가 잘하는 것에 집중해야겠다고.

여우와 두루미의 새 버전 이야기에서 합방이 망했다고 하지만, 두루미는 둥근 그릇을 새롭게 접했는데 이것이 자신이 맞지 않는다는 사실을 깨달았고, 여우도 목이 긴 호리병을 시도해 보았는데, 이것이 자신에게 적합하지 않다는 사실을 알게 되었다. 여기서 여우와 두루미는 새로운 시도를 통해 자신이 가진 강점을 다시금 깨닫는 계기가 되었다. 새롭게 시도하지 않았더라면 익숙하지 않은 분야에 덜컥 뛰어들어 허우적거리다가 실패할 수도 있는 노릇이었다.

새로운 것을 접하고 시도하는 과정은 변화를 위한 계기가 되기도 하지만, 그 반대로 자신이 해오던 분야가 그나마 경쟁력이 있다는 사실을 깨닫는 기회가 되기도 한다. 마음에 드는 새로운 분야를 만나면 일단 '나도 할 수 있다'는 환상에 빠진다. 그리고 환상에 도취해 새로운 분야에 뛰어들지만 개인의 성향, 보유 능력을 고려하면 자신과 맞지 않는다는 사실을 곧 깨닫게 된다. 선택을 고려하는 과정에서 자신이 잘하는 일이 무엇인가를 다시금 확인하는 기회를 가질 수 있다.

새로움을 향해 가다 보면 성과는 없고 시간만 낭비하고 있는 것은 아닌지 불안이 엄습할 수도 있다. 그러나 이 과정을 통해 지금 이 자리가 나에게 가장 맞고, 나의 장점을 가장 잘 살릴 수 있다는 사실을 일깨우는 계기가 될 수 있다. 그러므로 새로움을 향한 도전은 비록 실패하더라도 언제나 의미가 있다.

One More Point.

새로움을 향한 도전은 언제나 권장하고 응원한다. 그러나 새로움만을 추구하다 자신의 본질을 소홀히 할 수도 있다는 함정을 조심해야 한다. 새로움에 도전하되, 지금 이 자리와 새로운 자리 중 무엇이 나은지 객관적인 판단이 더 중요하다.

32장

새로운 것 접하기 ④
무기력증을 극복하는 법

시작하는 방법의 비밀은, 복잡하고 과중한 작업을 할 수 있는 작은 업무로 나누어,
그 첫 번째 업무부터 시작하는 것이다.

-마크 트웨인

'아무것도 안 하고 싶다. 이미 아무것도 안 하고 있지만, 더 격렬하게 아무것도 안 하고 싶다.'

때때로 찾아오는 현대인의 병 '무기력증.' 아무것도 하기 싫고, 몸이 천근만근이며, 모든 일이 귀찮고 무의미하게 느껴지는 것이 무기력증의 대표적인 증상이다. 무기력증의 원인으로는 과도한 스트레스, 주위 사람과의 갈등, 지속되는 실패 등이 거론된다.

그런데 무기력의 원인을 다른 쪽에서 찾는 움직임이 있다. 프랑스를 대표하는 지성으로 소설가이자 철학자인 파스칼 브뤼크네르는 《우리 인생에 바람을 초대하려면》이라는 책을 통해 우리 시대 무기력의 원인을 '경험의 부재'로 묘사한다. 현대인들은 여러 가지를 접하고 배우고 있다고 하지만 스마트폰을 통해 대부분의 세상을 만나는 상황이

다. 실제 자신의 몸은 침대나 소파, 사무실 의자에서 벗어나지 않는다. 이에 따라 자신도 모르게 무기력한 상태로 빠지게 된다는 이야기다. 즉, '실제적인 경험의 부재'가 무기력증의 원인이라고 말한다.

과학적 관점에서 보면, 무기력하거나 의욕이 없는 경우는 도파민의 부족에서 기인한다고 한다. 도파민은 우리가 새로운 지식, 정보를 흡수하거나 목적을 달성할 경우 뇌에서 분비되는 신경물질인데, 도파민이 분비되면 성취감과 보상감, 쾌락의 감정을 느끼며, 인체를 흥분시켜 살아갈 의욕과 흥미를 느끼게 한다. 물론 도파민 분비가 과하면 조현병 등 자기조절이 어려운 경우도 생기지만 적절히 유지될 경우, 소위 말하는 '의욕 넘치는 사람'이 될 수 있다고 한다.

삶의 무기력증을 극복하기 위한 방법으로 '새로움 접하기'를 추천할 수 있다. 그런데 이 '새로운 것'의 의미는 단순한 새로움이 아니라 우리가 몸소 움직여 만나는 새로운 경험이라고 정의해 본다.

우리는 흔히 휴대폰이나 SNS에 나오는 내용을 접하며, 새로운 분야를 알아가고 있다고 생각한다. 인스타그램 등을 보며, '이러한 트렌드가 있네?' '오! 이런 새로운 분야를 시도해 봐야지!' 하지만 정작 자신의 모습은 휴대폰을 쥔 채 침대나 소파에 누워 있는 상태이다. 좀더 발전적인 개념으로 새로운 것을 경험한다면서 멋진 카페 등의 핫플레이스를 직접 찾아가 즐겨보지만, 단순 스트레스 해소용이지 삶의 무기력증을 치료해 주는 근본 처방은 아니다.

삶의 무기력증을 극복하려면 일단 '새로운 것'을 계속 접해야 한다.

그리고 그 새로운 것을 직접 체험해야 한다. 관심 있던 운동 시작하기, 독서모임 참가, 새로운 취미 익히기, 어학 공부 등 그 종류는 무수히 많다. '아 귀찮아 죽겠는데 뭘 또 새로운 걸 하라는 말이냐?' 하는 일부 독자의 푸념이 들려온다. 하지만 언제까지 무기력한 모습으로 있을 수는 없지 않은가? 의욕 없이 그냥 있던 자리에 머물러 기다리고 있으면 삶이 나아질까? 아니 더 악화될 것이다.

One More Point.

무기력증이 엄습하면 심호흡 한 번 하고 새로운 분야를 접한 후, 이를 실행해 보기 바란다. 새로운 경험을 통해 사라졌던 의욕이 다시 불타올라 멈춰 있던 삶의 길을 다시 떠날 수 있을 테니까~!

33장

새로운 것 접하기 ⑤
환경을 바꾸는 법

> 성공하는 사람들은 자기가 바라는 환경을 찾아낸다.
> 발견하지 못하면 자기가 만들면 된다.
> -조지 버나드 쇼

　성공을 원한다면 노는 물을 바꿔야 한다는 말이 있다. 나보다 훌륭한 사람을 만나거나 성공한 사람들이 모여 있는 곳에서 네트워킹을 해야 한다는 뜻이다. '노는 물을 바꾼다'는 표현은 내가 처해 있는 환경을 바꿔야 한다는 의미로도 사용되는데, 약자일수록 바로 이 '노는 물'을 반드시 바꾸는, 즉 약자가 처한 환경을 바꿔야 한다는 의미로 치환할 수 있다.

　물류효율화를 공부할 때, 실제 물류 현장을 경험하기 위해 다xx 저녁 시간 상품진열 파트타이머로 잠깐 일한 적이 있다. 매장마다 다르겠지만 다xx 매장의 상품진열 업무에서 경험한 프로세스는 다음과 같다. 하차장에서 다xx 물류창고에서 보내온 발주된 상품들을 받아 매장 내 지정된 장소에 카테고리별로 분류해 놓으면 매장 내에서 근무하시는 여사님들이 진열대에 정리한다. 하차장에서 물건을 받아 매장까지 이동시키고 이를 분류하는 데에는 학생 및 일용직 노동자분들이 투입되어 해당 업무를 수행한다. 짧은 시간이지만 일용직 노동자분들과 여러 가지 이야기를 나눌 기회가 있었다.

그중 한 분과 친하게 지냈는데, 그분은 항상 사업을 하고 싶다고 말씀하셨다. 그런데 실행하지 못하는 형편이었다. 문제는 해당 노동자분의 환경이 사업구상과는 동떨어져 있었다는 것이다. 그분 주위에 있는 대부분의 사람들은 비슷한 일을 하는 물류노동자였고, 여러 물류창고를 돌아다니며 일하다 보니 물류노동에 관한 이야기만 하루 종일 듣고 말하는 환경에 처해 있던 것이다.

'어느 물류업체가 시간 대비 수당을 많이 주는가?' '어떤 물류창고가 일이 좀 쉬운가?' '어느 지역에 가야 일거리가 많은가?' 등의 대화만 나누다 보니 사업에 관한 생각은커녕 물류노동에서 벗어날 수 없었다. 사업을 구상하거나 준비할 엄두를 내지 못하는 것은 당연한 현실이었다.

선택지가 적을수록 생계문제 등을 해결하기 위하여 자신이 당면한 일에만 집중하고, 하고 있는 일이나 분야에서 수익을 좀 더 얻으려는 경향이 강하다. 지금 당장 몰려오는 생계문제, 돈문제 등을 해결해야만 하니 경주마처럼 앞만 보고 달릴 수밖에 없다. 가끔 고개를 돌려 옆도 돌아보고 엉뚱할지라도 다른 생각도 해야 하는데 그럴 마음의 여유가 없다. 그러다 보니 자신이 속한 분야에서만 이야기를 나누고 관련된 일만 하다 보니 새로운 기회를 만나는 것도 어려워지는 악순환에 빠진다.

　새로운 기회를 창출하기 위해서는 '의지를 가지고 노력하라'는 말을 많이 듣지만, 원래 개인의 의지와 능력만으로는 새로운 길을 개척하기가 힘들다. 차라리 환경을 변화시켜 자신도 모르게 다른 분야가 스며들게 하는 것이 더 빠른 방법일 수 있다.

　위에서 이야기한 노동자분의 경우, 본인이 사업을 하고 싶다면 사업운영과 관련된 강의를 듣는다거나, 강의 등에서 만난 사람들과 이야기를 나누는 등 새로운 환경에 자신을 노출시켜야 한다. 그럴 여유가 없으면 동영상이나 책에서 정보를 얻는 등 자신을 지속적으로 노동자의 환경에서 사업가의 환경으로 옮겨놓는 작업을 해나가야 한다. 그래야 사업을 하겠다는 소망이 단 1%라도 올라갈 수 있다.

　선택지가 적을수록 '놀던 물에서 계속 노는 것'을 멈춰야 한다. 처음부터 좋은 환경에 있을 수가 없으므로 지금도 상대적으로 열악한 환경에 처해 있는 경우가 많다. 계속 열악한 환경에 있다 보면 지금 자신의 모습이 당연시되기 때문에, 이를 벗어나기 위해 자신의 환경을 변화시키고 또 변화시켜야만 할 것이다.

☀ One More Point.

아이들은 어떤 과정을 통해 자신이 잘하는 일, 좋아하는 일을 찾게 되는가? '경험'뿐이다. 어른도 똑같다. 경험해 보지 않으면 내가 그 분야에서 어떤 퍼포먼스를 낼지 알 길이 없다. 후회 없이 경험해 보았는가? 이 핑계 저 핑계를 대며 회피하고 있진 않은가?

[쉬어가는 이야기 ②]

노력과 열정을 쏟았음에도 불구하고 인정받지 못해 괴로워하는 사람들을 위한 조언 (by 켄트 M. 키스)

사람들은 때로 믿을 수 없고, 앞뒤가 맞지 않고
자기중심적이다.
그럼에도 불구하고 그들을 용서하라.

당신이 친절을 베풀면
사람들은 당신에게 숨은 의도가 있다고 비난할 것이다.
그럼에도 불구하고 친절을 베풀라.

당신이 어떤 일에 성공하면
몇 명의 가짜 친구와 몇 명의 진짜 적을 갖게 될 것이다.
그럼에도 불구하고 성공하라.

당신이 정직하고 솔직하면 상처받기 쉬울 것이다.
그럼에도 불구하고 정직하고 솔직하라.

오늘 당신이 하는 좋은 일이
내일이면 잊혀질 것이다.
그럼에도 불구하고 좋은 일을 하라.

가장 위대한 생각을 갖고 있는 가장 위대한 사람일지라도
가장 작은 생각을 가진 작은 사람들의 총에 쓰러질 수 있다.
그럼에도 불구하고 위대한 생각을 하라.

사람들은 약자에게 동정을 베풀면서도 강자만을 따른다.
그럼에도 불구하고 소수의 약자를 위해 싸우라.

당신이 몇 년을 걸려 세운 것이
하룻밤 사이에 무너질 수도 있다.
그럼에도 불구하고 다시 일으켜 세우라.

당신이 마음의 평화와 행복을 발견하면
사람들은 질투를 느낄 것이다.
그럼에도 불구하고 평화롭고 행복하라.

당신이 가진 최고의 것을 세상과 나누라.
언제나 부족해 보일지라도,
그럼에도 불구하고 최고의 것을 세상에 주라.

3부

성공을 부르는 방법

34장

인생 복리의 법칙 ①
결국 성공에 이르는 법

*복리는, 초기에는 여러분이 얼마나 인내심이 있는지 확인하고,
뒤에는 여러분이 얼마나 놀라는지 시험한다.*

-안슐카레

복리효과는 영어로 눈덩이 효과Snowball Effect라고 한다. 복리는 원금에 이자가 붙고, 원금+이자에 다시 이자가 붙는 방식이기 때문에 시간이 길면 길수록 자산이 눈덩이처럼 불어난다고 해서 복리의 마법으로 불리기도 한다. 복리의 법칙은 워런 버핏 등 투자의 전설들이 반드시 강조하는 투자의 대원칙이기도 하다.

우리의 삶을 돌이켜보면 성공에도 복리의 법칙이 적용된다는 것을 느낄 수 있다. 복리 투자 효과를 누리려면 초기에 작더라도 꾸준히 돈을 모으는 것이 주요 포인트다. 그런데 삶의 여정에서도 초기 일련의 과정을 견뎌내야만 다음 단계로 가는 길이 열린다.

한 신입사원이 회사에서 잡무를 처리한다. 귀찮은 잡무는 조직의 하급자가 하는 것이 규칙 아닌가. 원래 잡무란 잘해도 인정받지 못하

고 어설프게 처리하면 비난이란 비난은 다 듣는 특성이 있다. 즉 잘해야 본전이다. 신입사원은 한탄한다. '내가 고작 이딴 일이나 하려고 그 경쟁을 뚫고 이 회사에 들어왔단 말인가?' 하지만 잡무는 계속 배정된다. 그러다가 약간 난도 있는 일들이 배정된다. 하지만 신입사원의 눈에는 그 일도 하찮아 보인다. 선배들은 중요한 프로젝트를 맡아 역량을 발휘하는데 자신은 계속 허드렛일이나 한다며 마음이 상한다. 그렇지만 시킨 일이니까 일은 해본다.

시간이 흘러 신입사원도 이제 짬이 좀 찼다. 어느 날 그가 업무의 중심으로 들어갈 기회가 왔다. 상사들이 보기에도 이제는 직무 하나를 해내겠다는 판단이 선 상태다. 사원은 갑자기 맡게 된 주요 업무에 당황하지만, 정신을 차리고 업무에 도전한다. 여기서 그는 착각한다. '아드디어 회사에서 나의 진가를 알아보는구나!' 그는 아직 진실을 모르고 있다. 잡무를 수행하던 여러 단계들이 자신의 역량을 키워주었음을. 그리고 각 단계의 성취들이 그가 갈망하던 위치(아직 최종 도착지는 아니지만)로 데려다주었음을.

우리 삶의 과정도 신입사원 예시와 비슷한 점이 많다. 현재 어떤 일이나 업무를 하고 있지만 내가 이것을 왜 하고 있어야 하고, 지금 하는 일들이 내 미래에 도움이 될까 의구심이 들 때가 많다. 주위에서는 혁신적인 방법을 통해 부나 성공을 이룬 사람들의 이야기가 무수히 들리는데 나는 지금 아무도 인정하지 않는 일이나 해야 하는 상황이라 좌절감만 엄습해 온다.

혁신적인 방법의 천재들은 하늘이 낸 사람들이기 때문에 그들과의 비교는 어불성설이다. 역량은 평범하고 기댈 배경도 없는, 어디서나 볼 수 있는 사람들이 취할 수 있는 전략은, 되든 안 되든 뭔가를 축적해가는 방법뿐이다. 역량을 계속 쌓아간다면 투자에 있어서 복리 법칙처럼 시간이 지났을 때 그 가치는 측정이 어려울 만큼 커져 있을 것이다. 시간이 지나고 보니 그동안 꾸준히 저축 및 투자해왔던 자산들이 거대한 규모로 불어 있는 것을 발견하듯이, 삶의 성취도 어느 날 갑자기 믿을 수 없는 규모로 당신에게 찾아올 것이다.

당신이 성공이라는 목표에 도달했을 때 주위에서 당신의 성공을 분석하는 여러 가지 이야기를 하며 호들갑을 떨 것이다. 그러나 정작 당신 자신은 성공하긴 했는데 무엇으로 성공했는지 솔직히 잘 모를 수 있다. 어떤 비법으로 성공한 것이 아닌 고난의 시간을 견디면서 쌓아온 내공들이 한순간에 폭발했기 때문에 성공에 대한 설명이 불가능하다.

※ *One More Point.*

지금 하고 있는 일들이 소위 '쳐드렛일'일지라도 일단 그 쳐드렛일로 쌓인 그 무엇인가가 내 인생에 축적되게 될 것이다. 처음에는 축적된 것이 무엇인지 알지 못하지만 우리가 전진하는 한 어쨌든 쌓일 것이다. 그것이 쌓이고 쌓이다 보면 복리효과가 발현되면서 결국 우리는 성공자라고 불릴 것이다.

35장

인생 복리의 법칙 ②
인생의 종잣돈을 만드는 법

씨돈을 쓰지 말고 아껴둬라. 씨돈은 새끼를 치는 종자돈이다.

-이건희

    투자에서 복리효과를 극대화하려면 우선 일정 규모의 종잣돈을 만들어야 한다. 그만큼 첫걸음부터 중요하다는 이야기다. '돈이 돈을 번다'는 말이 있듯이 원하는 투자수익을 내기 위해서는 일정 수준의 종잣돈은 필수다. 예를 들어 100만 원으로 30% 수익을 내면 30만 원을 벌 뿐이지만, 1,000만 원으로 5% 수익을 내면 50만 원을 벌 수 있다. 그렇기에 부자들 대부분은 종잣돈을 만드는 것이 부자로 가는 첫걸음이라고 강조하며, 일정 수준의 종잣돈을 빨리 만들어 복리를 통한 자산 증식의 도구로 사용하라고 조언한다.

    자산 증식에 있어서 종잣돈의 개념이 이토록 중요할진대, 인생의 성장을 위해서도 종잣돈의 중요성은 얼마나 크겠는가? 인생에서 복리를 위한 종잣돈의 개념에는 무엇이 있을까? 사람마다 보유하고 있는 역량이라고 말하고 싶다. 역량은 어떤 일이나 역할을 수행할 때 남들보다 높은 성과를 내는 사람에게서 일관되게 나타나는 행동 특성을 일컫는다.

삶의 발전을 위해 다음 단계로 나가려 할 때, 일정한 수준에 올라야 하고, 특정 수준의 역량을 갖추어야만 길을 떠날 수 있다. 보유한 역량이 미흡한 상태에서는 바라던 기회가 오더라도 또는 힘 있는 사람이 끌어줄지라도 그 결실을 따먹기가 어려운 것이 일반 상식이다. 보유 역량이 미흡하다면 어떤 일이나 업무를 맡겼을 때 이를 해내지 못할 확률이 높다. 이 경우 해당 사람에 대한 평가는 기회를 부여하기 전보다 더욱 하락하는 것이 당연하다. 어쩌면 기회를 부여하지 않았으면 중간이라도 갈 수 있었을 텐데, 기회가 오히려 악재로 작용했다. 조직에서 흔한 일이다.

흔히들 역량을 갖추는 것보다는 배경이 좋은 사람들을 많이 아는 것이 원하는 곳으로 빨리 갈 수 있는 지름길이라고 이야기한다. 맞는 말이다. 인생의 다음 단계로 나아갈 때 주위에 힘 있는 사람이 있어 끌어주면 실타래가 훨씬 쉽게 풀린다. 현실에서 매우 중요한 사항이다. 그런데 힘 있는 사람이 끌어주고 싶어도 해당하는 사람의 역량이 너무 부족하면 제대로 끌어줄 수 없다. 정상적인 판단 하에서는 아무리 특정인을 챙겨주고 싶더라도 그 사람이 들어와서 제 역할을 못하면 조직이나 체계에 문제가 생기기에 이를 지양하는 것이 인지상정이다. (물론 정치권에서는 자기 사람을 챙긴다고 역량이 한참 부족한 사람을 특정 요직에 올리는 경우가 종종 있는

데, 결과가 좋지 않을뿐더러 국가나 사회에 지대한 피해를 끼치는 비극을 목도할 수 있다.)

'결국 사람 보는 눈은 다 똑같더라'라는 말이 있다. 사람마다 각각의 개성이 있지만 '저 사람은 훌륭하다', '저 사람은 별로다' 하는 평가 기준은 거의 대동소이 하다.

'훌륭한 사람'을 표현하는 용어들은 매우 단순하다. 검소한 생활, 일에 대한 열정, 끊임없는 자기계발, 겸손한 자세, 타인을 배려하는 마음 등 소위 도덕책에 나오는 고리타분한 내용들이다. 그렇지만 이런 기본적인 내용들이 어우러져 '그 사람의 역량'으로 보여진다. 그리고 금수저가 아닌 한 (예외는 있겠지만) 각 사람이 보유한 역량에 따라 가는 곳이 정해지는 것이 일반적이다. 보유한 역량이 높은 사람은 정도의 차이가 있을지언정 결국 남들이 인정하는 자기 자리를 찾아간다. 물론 반대로 남들이 비하하는 자리로 찾아가는 사람들도 있다.

'인생에도 복리가 있다'는 의미는 이와 같다. 일단 남들이 인정하는 기본 역량을 쌓아 놓으면 어떤 기회가 찾아왔을 때 그 기회를 놓치지 않고 잡을 수 있게 된다. 그리하면 일정 단계에 오르게 되고, 오른 곳에서 역량을 갈고닦아 준비한다면 더 좋은 기회가 왔을 때 이를 수행하여 더 의미 있는 곳으로 가게 되는 단계를 밟는다. 이런 인생의 선순환 과정이 '인생의 복리법칙'이라고 이야기하고 싶다.

인생에서도 복리효과를 보려면 어느 시점에는 일정 수준의 역량이 갖추어져 있어야 한다. 그렇지만 이 역량을 만드는 데에는 많은 시간과 노력이 필요하다. 투자를 위한 종잣돈을 모으기 위한 조언 중의 하나로 '먼저 저축하고 나중에 써라'라는 이야기가 있다. 종잣돈을 만들기 위해서는 어쩔 수 없이 소비의 절제를 먼저 추구하듯이, 인생의 종잣돈을 만들기 위해서는 '먼저 인생을 준비하고, 나중에 인생을 즐기라'라는 말로 바꿀 수 있다.

One More Point.

인생의 종잣돈을 만드는 과정은 당연히 지루하고 힘들다. 미래를 위해 준비하는 학창시절의 공부는 얼마나 힘들고 지루한가. 그렇지만 우리 인생을 바꾸는 데 있어 특별한 방법이 존재하지 않기에 그 과정을 견뎌내야 한다.

36장

인생 복리의 법칙 ③
삶의 차이를 만드는 법

인류가 발견한 가장 위대한 수학의 법칙은 복리의 발명이다.

-아인슈타인

은행 입구에 자주 보이는 현수막이 있다. '단리예금 또는 간혹 복리예금 ○○%의 수신금리.'

다 아는 이야기지만 복습 차원에서 단리와 복리의 차이를 짚고 넘어가 보려고 한다. 단리는 원금에 대해서만 이자를 적용하고, 복리는 원금에서 발생된 이자에 대해서도 이자를 계산해주는 방식이다.

예를 들어 연 이자 5%인 단리 예금에 100만 원을 넣는다고 하면 1년 후 내가 납입한 돈의 5%인 5만 원을 이자로 준다. 그 다음 해에는 100만 원+5만 원+5만 원=총 110만 원이 내 통장에 들어있게 된다. 그리고 연 이자 5%인 복리예금에 100만 원을 넣는 경우 동일하게 1년 후 내가 납입한 돈의 5%인 5만 원을 이자로 준다. 그런데 그 다음 해에는 100만 원이 아니라 105만 원에 대한 이자를 산정한다. 100만 원+5만 원+5.25

만 원=총 110.25만 원이다. 그리고 단리예금과 복기예금의 수익 격차는 시간이 지날수록 벌어진다.

그런데 예금의 세계뿐만 아니라 우리의 삶에 있어서도 단리효과와 복리효과가 존재한다. 각광받고 있는 여행 유튜버에 대한 예시를 들어보고자 한다. (유튜버에 대한 호불호가 많지만 그래도 유튜버 하면 보통 사람의 입장에서는 호기심이 생기고, 연예인은 아닌데 연예인처럼 동경하는 경우가 많다.)

여행 유튜버가 되는 과정을 단순하게 정리하면 이렇다. ①여행을 다니며 경험치를 쌓는다(개인의 경험)→②쌓아진 경험치를 바탕으로 여행의 어느 부분이 타인에게 도움이 되거나 소개할 만한지에 대한 지식을 습득하고 이를 축적해 나간다→③자신만의 관점을 녹여내어 타인에게 소개할 만한 콘텐츠 내용을 기획한다→④자신이 만든 콘텐츠를 꾸준히 올린다→⑤어느 날 내가 올린 콘텐츠가 유튜브 알고리즘에 포착되어 대박 유튜버로 등극하게 된다.

이와는 대조적으로 일반인의 경우 '①여행을 다니며 경험치를 쌓는다(즐거운 개인의 경험)'에서 멈추어 버리고 만다. 한번 수익을 얻고 마는 상황이다. 한 번의 이익을 얻고 멈추어 버리고, 다른 여행지에 가서 '①여행을 다니며 경험치를 쌓는다'의 과정을 반복한다. 그리고 '즐거운 경험을 얻는다'에서 다시금 멈추어 버린다. 여행을 통해 자신을 지속적으로 발전시킬 것이 있을 만한데 계속 단순한 수익 창출에만 머물러 있는 경우다.

단리수익과 복리수익이 초기에는 얼마 차이가 나지 않지만 시간이 흐를수록 그 격차가 커지는 것처럼 여행을 가서 즐거운 경험을 얻는 데 그치는 단리 활동보다는, 여행에서 얻은 경험을 바탕으로 그 다음을 준비하는 여행 유튜버의 복리 활동이 시간이 지날수록 큰 차이를 만들어 낸다.

평범한 사람들보다 한발 앞서 나가는 사람들에게는 한 번의 기회를 복리로 만들어 내는 능력이 있음을 목격한다. 지금 만나고 있는 기회를 발판으로 더 나은 다음 기회를 창출하기 위한 일련의 실행을 끊임없이 이어나간다. 한 번의 기회에서 얻은 수익(경험 또는 지식 등)을 보다 좋은 기회를 창출하기 위한 마중물로 활용한다(재투자 개념과 같다). 이런 일련의 과정이 반복되다 보면 한 번에 무엇을 얻고 나서 멈추는 대신 지속적으로 자신의 가치가 올라가게 된다. 그리고 시간이 흘러 어느 시점에 가면 분명 그 사람은 평범한 사람 중의 하나였지만 타인의 부러움을 받는 위치까지 올라가 있음을 목격할 수 있다.

'인생 복리효과'는 무엇인가를 끊기지 않고 계속 이어간다는 데 의미가 있다. 한 번의 성취에 만족하지 않고 얻은 성취를 통해 더 나은 성취를 찾아 나가는 과정에서 타인과 나 자신의 차이를 만들어 내는 비밀이 숨어 있다고 하면 과장일까?

✺ One More Point.

처음에는 그 효과가 미미하지만 시간이 흐르면 그 진가를 발휘하는 복리투자처럼, 우리의 삶 속에서 지금 하는 행동의 결과가 미미할지라도 계속 발전시켜나가야 할 이유가 여기에 있다. 이 역시 시간이 흐른 후 내가 끊임없이 개선해 왔던 활동들의 진가가 결국 나타날 날이 오기 때문이다.

37장

인생 복리의 법칙 ④
성장을 극대화하는 법

―

복리의 힘은 너무 위대하기 때문에 투자자로서 우리의 최우선 과제는
복리를 중간에 끊어버릴 수 있는 어떤 것도 피하는 것이다.

-아이라 로스버그

당연한 이야기지만, 투자에서 복리효과를 극대화하려면 투자수익률을 극대화해야 한다. 복리는 초기 투자를 통해 생긴 수익을 기존의 원금과 함께 재투자하여 수익률을 극대화하는 방법이다. 그런데 투자금의 규모를 증대시키기 위해서는, 즉 복리의 원금을 증대시키기 위해서는 투자수익률이 중요한 개념으로 부각된다. 투자수익률을 높이기 위해서는 투자 대상을 부동산, 증권, 채권 등으로 현 시점의 경기 흐름에 맞게끔 선정하라는 조언도 들을 수 있다. 아울러 수입을 증가시켜 복리로 활용할 투자금 규모를 빠르게 상승시켜 원하는 목표에 빠르게 도달하는 방식도 언급할 수 있다.

투자 방법론과 마찬가지로 인생에서 복리효과를 누리려면 삶의 수익률을 높여야 한다. 성공의 길로 가는 시간을 줄이기 위해서는 꾸준

히 길을 계속 걸어가는 것이 가장 중요하지만, 나의 노력을 쏟을 분야를 선택하는 것 역시 중요하다.

분야를 결정하는 데에는 두 가지 방법이 있다. 첫 번째, 처음 선택한 분야에서 지속적으로 경험치를 쌓아나가면서 전진해 나가는 방법. 두 번째, 여태껏 해온 분야가 있다 할지라도 다른 유망한 분야가 보일 때 그동안 쌓아온 경험과 능력을 바탕으로 다른 분야에 도전하는 방법이다.

현실적으로 첫 번째보다는 자의든 타의든 두 번째 방법이 일반적이다. 첫 번째 방법의 경우 한 사람이 어찌어찌해서 들어가게 된 분야가 지속적으로 유망한 관계로 해당 분야에서 정진하다 보면 능력치가 쌓여 타인에게 인정을 받는다. 그런데 이런 운 좋은 경우는 많지 않다. 사회 트렌드가 계속 바뀌기 때문에 내가 일정 시간 노력해 온 분야가 하루아침에 가치가 없어지는 경우도 발생할 수 있다.

한 분야의 장인으로 성장할 것인지, 아니면 다양한 분야에서 경험을 쌓으며 성장해 나갈지, 무엇이 좋은지에 대한 정답은 없다. 다만 중요한 포인트는 인생복리를 실현하겠다고 일정 부분에만 집중하는 것이 아닌, 잠시 멈추어 서서 자신이 가고 있는 길에 대한 점검을 해야 한다는 것이다. 인생에는 정답이 없다. 다만 여기서 중요한 점은, 삶의 길을 꾸준히 간다고 하면서 하던 것만을 계속하면서 더 나은 것을 탐구하지 않는다면 삶의 수익률을 높일 수 없다.

인생복리의 법칙은 거창하지 않다. 하나씩 단계를 밟아나가면서 지속적으로 올라갈 수 있는 발판을 만든 후, 그 발판을 토대로 꾸준히 더 나은 목표를 향해 올라가는 과정이다. 이 과정 자체가 너무나도 중요하지만, 여기에 한 개념을 덧붙이고 싶다. 인생복리를 실현하는 데 있어 내가 집중하는 분야가 목표로 가는 길을 줄여줄 수 있을지를 가끔 확인하는 것이다.

One More Point.

한 우물 파기. 좋은 개념이다. 하지만 때때로 물이 나오지 않는 우물을 파고 있는 경우도 존재한다. 파는 행위도 중요하지만 가끔은 가능성도 점검해야 복리효과를 극대화할 수 있다.

38장

인생 복리의 법칙 ⑤
쌓아가는 법

매일 1퍼센트의 차이가 3개월을 넘기면
100퍼센트의 차이를 만든다는 사실을 기억하라.

-사하 하셰미

'티끌 모아 태산'이라고 한다. 먼지같이 작은 티끌도 모이면 크고 높은 산인 태산이 될 수 있다. 반대로 '티끌 모아 티끌'이라는 말도 있다. 물가나 비용이 치솟는 현대사회에서 아무리 열심히 모아도 늘어나는 것은 보잘것없기 때문에 악착같이 모아도 별수 없다는 자조적인 표현이다.

'티끌 모아 태산'이 아닌 '티끌 모아 티끌'의 태도는 아무래도 약자에게서 많이 나타나는 현상이다. 약자의 경우 모이는 돈이 얼마 없으니 '이거 모아서 뭐하나' 하는 마음에 현재를 즐기는 쪽을 택한다. 예를 들어 고생한 나를 위한 과도한 선물이다. 상대적으로 자산을 가진 사람이라면 나를 위한 선물이 큰 부담으로 다가오지 않는다. 하지만 그렇지 않다면 나를 위한 선물 금액이 내가 보유한 금액 전부일 수도 있다.

그렇다 보니 티끌 같은 돈도 모을 수 없는 상태가 되고 만다.

회사에서도 마찬가지다. 업무적 관점에서 약자는 일의 강도도 강할 뿐더러, 항상 받는 것보다 일을 더해 주는 것 같고, 그렇다고 회사가 약자를 그리 배려해 주는 것 같지도 않다. 약자는 자신이 소모된다고 판단하고 다른 기회를 찾아보는 경우가 많다. 그런데 약자가 회사를 그만둘 때 그만두더라도 무엇이라도 배우고 경험이 쌓인 상태에서 나와야 하는데 단지 힘들다는 이유로 퇴사를 하는 경우가 많은 것이 현실이다. 역량이 쌓이지 않은 상태에서의 퇴사는 수평 이동에 불과하다. 혹은 조건이 나빠지는 이직도 발생할 수 있다. 창업도 마찬가지다. 의욕적으로 창업했지만 일거리를 받는 데 시간이 오래 걸린다.

돈의 관점이던, 업무 관점이던 약자가 살아남기 위해서는 그 무엇도 쌓아가야만 한다. 돈의 관점에서 약자는 '내가 모은 작고 귀여운 금액이 내 미래에 무슨 도움이 될 것인가?' 하는 생각이 들 수 있다. 하지만 경제적 위기를 만났을 때, 정말 필요한 것이 있음에도 그 티끌 같은 돈조차 없어 고생하는 경우가 많다.

그리고 업무의 관점에서는 회사에서 허드렛일을 수행하며 착취를 당하고 있는지, 아니면 그 와중에도 업무를 배워 실력이 쌓이고 있는지를 판단하기는 그다지 쉽지 않으나, 약간의 역량이나 경험이라도 쌓여 있어야만 착취를 당하는지 역량이 쌓이는지 정확히 판단할 수 있다. 업무가 마음에 들지 않고 힘들지라도 포기보다는 끈질기게 해나가야 하는 이유가 여기에 있다.

'띠끌 모아 태산'은 단순한 인내와 절약을 의미하지 않는다. 현재의 어려운 상황을 벗어나기 위해서는 상황을 조금이라도 나아지게 할 수 있는 디딤돌이 필요하다. 아무리 약자라도 (언제 올지는 모르지만) 몇 번의 기회는 오게 되어 있다. 그런 기회를 만났을 때 티끌 같더라도 쌓아놓은 것이 있어야 이를 토대로 기회를 잡는 시도라도 해 볼 수 있다.

당장 앞이 보이지 않는다 하여 가진 자원을 다 소진해 버리거나, 미흡하더라도 자신만의 능력을 보유하고 있지 않으면, 애써 잡은 기회마저 신기루처럼 사라져 버릴 것이다.

One More Point.

현재만을 즐기다 보면 미래를 잃을 수 있다. 준비가 되어 있어야 희망을 현실화 시킬 수 있다. 지금 다 소진해 버리면 미래도 없다.

39장

관리의 중요성 ①
돈을 모으는 법

빚은 미래를 훔친다.

-헨리 포드

통장을 볼 때마다 항상 하는 푸념이 있다. '벌기는 버는 것 같은데 도대체 내 돈은 다 어디로 간 것일까?' 돈을 모으기는커녕 마이너스 통장에서 +와 - 사이를 줄타기하거나 마이너스 통장의 일정 금액은 항상 마이너스를 고정으로 깔고 가는 경우도 흔히 볼 수 있다.

일반인들이 돈을 못 모으는 가장 기본적인 이유는 '버는 것보다 많이 쓰니까!'로 정리할 수 있다. 하지만 이게 다일까? 그 이야기를 해보고자 한다.

우선 우리가 돈을 모으지 못하는 주요 원인 중의 하나는 '내가 이렇게 고생했는데 나를 위해서 이 정도도 안 하면 인생이 너무 슬프잖아' 하는 스스로에 대한 관대함 때문이 아닐까 생각해 본다.

예를 들어 한 직장인이 월급을 받았는데 '1달 동안 고생한 나에게 주는 선물'이라면서 평소에 사고 싶었던 물건을 사고 주말에는 리프레시 차원에서 1박 2일 여행을 계획한다. 그리고 자주는 못가지만 고급 식당에서 가끔은 기분도 내본다. 그렇게 다시 1달이 지나가 또다시 월급날이 되면 '고생한 나에게 이 정도는~' 하면서 이전 달의 지출 사이클을 반복한다. 남에게 보이기 위한 사치나 낭비는 절대 아니겠지만, 어쨌든 결과는 텅텅 비어버린 통장이다.

그리고 평범한 사람이 돈을 모으지 못하는 또 다른 원인 중 하나는 자신의 현재 수입원을 과대평가하고 있다는 점이다. 특히 직장인의 경우 그 문제가 크다고 볼 수 있다. 현대사회에서는 과거처럼 한 회사에서의 장기근속 개념이 아니다. 5년이나 10년 단위로 이직하는 경우가 많다. 아울러 기업도 평생 고용을 보장해 주지 않으려 한다. 그렇기 때문에 언제든지 자의건 타의건 간에 회사에서 밀려나거나, 회사 자체가 망해서 수입원이 끊기는 경우도 발생한다. 즉 직장인은 직장에서 일할 수 있는 기간이 그다지 많지 않고, 또 얼마나 직장생활을 계속할 수 있을지 보장이 없다.

대부분의 사람들이 머리로는 이런 위험성을 인지하고 있지만, 실제로는 해당 회사에 영원히 다닐 것처럼 생각하고 행동한다. '내가 이렇게 써도 다음 달에 월급 들어오니까 괜찮아~' 하면서 미래보다는 현재에 집중한다. 그렇게 시간이 흘러 직장을 놓아야 하는 운명의 시간에 직면했을 때, '모아둔 돈이 없다'는 사실을 뼈저리게 깨닫는 것이다.

돈을 버는 것과 모으는 것은 다른 영역의 이야기다. 돈을 버는 것은 자신의 능력을 키우고 새로운 영역으로의 도전을 통해 추가적인 소득 창출의 기회를 얻는 것을 의미한다. 그러나 돈을 모으는 것은 오직 미래를 대비한 지출의 범위를 규정하는, 즉 자신을 관리하는 것을 의미한다.

돈 모으기의 중요성은 익히 아는 사실이다. 또 다른 투자를 위한 재원을 마련하는 데 있어, 혹은 갑작스러운 위기를 대비해 최소한의 안전장치를 마련하는 데 있어 돈 모으기는 근본적인 기반을 마련하는 행위다.

우리는 돈을 모으는 방법을 이미 알고 있다. 글로 적을 필요도 없다. 그렇지만 자기 자신에 대한 관리에 실패하여 익히 알고 있는 내용임에도 실패를 거듭하는 것이 우리의 현실이다.

One More Point.

지금이라도 월급날부터 시작되는 자신과의 타협에서 벗어나 현재 수익 창출 구간의 한계성을 인지해야만 한다. 이를 통해 미래를 막연히 낙관하기보다는, 미미하더라도 통제할 수 있는 미래를 구축해 나가는 자세가 절실하다.

40장

관리의 중요성 ②
돈을 잃지 않는 법

돈을 현명하게 사용하는 사람은 더 많은 돈을 가질 자격이 있다.

-벤자민 프랭클린

일부 금수저나 천재적인 사업가들을 제외하고 우리네 보통 사람은 월급으로 벌어들인 돈을 어떻게든 쪼개서 종잣돈을 모으고 이를 바탕으로 투자를 해야 한다. 투자 관점에서 부동산은 목돈이 들어가야 하므로 하고는 싶지만 일단 뒤로 넘겨두고 진입장벽이 낮은 주식에 집중하는 경우가 많다. 그런데 개인이 주식투자로 성공하는 케이스가 과연 얼마나 되는가?

> **2022년 주식투자 성적표 동학개미 -25%·서학개미 -35%**
> 국내 주식에 투자한 동학개미들이 지난해 한 해 평균 25%의 손실을 본 것으로 나타났다. 해외 주식에 투자한 서학개미들의 평균 손실률은 34%를 넘어 동학개미보다도 성적이 좋지 못했다.
>
> _경향신문(2023.01.08)

그렇다고 펀드를 통해 전문가에게 돈을 맡겨 투자금을 돌려보자 하니 펀드 역시 수익률이 좋지 않는 경우가 비일비재하다(펀드는 수익이 나든 안 나든 수수료를 떼어가기에 수익률이 더 안 좋아질 수 있다).

> **10년 넘은 펀드 4개 중 1개 정기예금보다 수익률 낮았다**
>
> 펀드평가사 KG제로인에 따르면 10년 이상 설정된 펀드(사모펀드 제외) 1301개 가운데 10년 수익률(2011년 2월 22일~2021년 2월 22일)이 정기예금 이자율에 미치지 못하는 경우는 24.67%(321개)에 달했다. 한국은행이 집계한 연도별 정기예금 시장금리(1.04~3.69%)를 복리로 계산하면 10년 정기예금 수익률은 23.73%다. 펀드 평균 수수료가 연 0.5%로 10년 누적 5% 수준에 해당한다는 점을 고려하면 펀드 수익률이 28.73%를 넘어야 예금보다 더 많은 수익을 올린다.
>
> _조선비즈(2021.02.23)

오마하의 현인이라고 불리는 투자의 구루 워런 버핏의 유명한 투자 원칙이 있다.

*투자의 제1원칙 : 절대로 돈을 잃지 말라!

*투자의 제2원칙 : 제1원칙을 절대 잊지 말라!

요약하면 간단하다. 가진 돈을 절대로 잃지 말라는 조언이다. 투자의 대가께서 하시는 말씀이니 무조건 따르는 것이 맞기는 한 것 같은데 '원금을 잃지 않는 것이 왜 이렇게 중요할까?' 하는 생각이 든다. 실제로 투자를 하다 보면 가끔 손해도 볼 수 있는데, 손해를 매번 보는 것이 아닌 관계로 약간의 손실은 큰 수익으로 메꾸면 되지 않을까 하는 생각이 일반적이다.

    궁금증을 해결하기 위해서 간단한 시뮬레이션을 돌려 보았다. 수익률이 낮지만 원금을 잃지 않는 투자와 상대적으로 수익률이 높지만 원금 손실이 간혹 발생하는 경우를 대비해 보았다.

[기간 및 원금] 10년/1,000만 원

[비교군1] 연수익률 4%로 원금을 잃지 않고 10년 동안 복리투자를 하는 방안

[비교군2] 연수익률 10% 적용→10년 기간 동안 7년은 10% 수익을 내고 3년(RANDOM)은 10% 손실을 본다고 가정

<낮은 수익률/원금 손실 없이 복리로 꾸준히 투자하는 경우>

구분	1년차	2년차	3년차	4년차	5년차	6년차	7년차	8년차	9년차	10년차
수익률	4%	4%	4%	4%	4%	4%	4%	4%	4%	4%
원금	1,000	1,040	1,082	1,125	1,170	1,217	1,265	1,316	1,369	1,423
수익액	40	42	43	45	47	49	51	53	55	57

* 예시 기간 총 수익액 482만 원/누적수익률=48.2%(482만 원/1,000만 원)

<높은 수익률/간혹 손실 발생>

구분	1년차	2년차	3년차	4년차	5년차	6년차	7년차	8년차	9년차	10년차
CASE	10% 손실	10% 수익	10% 수익	10% 수익	10% 손실	10% 수익	10% 수익	10% 손실	10% 수익	10% 수익
원금	1,000	900	990	1,098	1,207	1,087	1,195	1,303	1,173	1,336
수익액	-100	90	108	109	-120	108	108	-130	163	133

* 예시 기간 총 수익액 469만 원/누적수익률=46.9%(469만 원/1,000만 원)

단순 시뮬레이션과 계산이지만 낮은 수익률일지라도 원금을 지키는 투자가 승리했다. 평범한 일반 투자자가 손실을 보지 않고 매번 이익을 낸다는 보장이 없기에, 낮은 수익률일지라도 '원금 손실이 나지 않도록 관리하면서 장기투자하는 방향이 옳다'는 결론을 내릴 수 있다.

그리고 일반 투자자가 간혹 손실을 입고 더 많은 기간 수익을 거둔다는 것도 비현실적인 측면이 있다. 간혹 손실을 입는다는 건 투자처를 바꾼다는 의미이므로 그 과정에서 더 많은 손실이 발생할 위험이 증가한다.

실상은 이익보다 손실이 비일비재하고, 또는 발생한 손실을 보전하기 위해 고위험 투자에 빠져들어 더 큰 손실을 입는 경우가 다반사다. 언제나 문제는 관리 범위를 넘어서는 투자활동임을 간과하지 말아야 한다.

One More Point.

투자에서 다양한 접근과 시도는 권장 사항이다. 문제는 얼마를 벌고야 말겠다는 욕심이다. '내 돈을 절대로 잃지 않는다!'는 마음가짐이 투자의 변치 않는 근본 원칙임을 다시금 확인해 본다.

41장

관리의 중요성 ③
성공을 유지하는 법

성공은 돈을 버는 것만이 아니다. 시간과 자유를 갖는 것이다.

-팀 페리스

투자 관련 책을 읽다 보면 주식시장은 수많은 사람들이 하염없이 손실을 보는 '피도 눈물도 없는 잔인한 곳'이라는 이야기를 접하게 된다. 물론 주식으로 대박이 났다는 사람들도 종종 나오기는 하지만 끝까지 살아남는 사람이 거의 없다는 말도 자주 들린다. 그리고 국내의 투자 대가라고 불리는 사람들도 과거 크게 망한 스토리 한두 개씩은 가지고 있다.

자산가의 반열에 올라 있는 한 대표를 가끔 만나는데, 어느 날 내가 그에게 물었다. "주식시장 등에서 대박을 맞은 사람이 종종 있다고 하는데 끝까지 유지하는 못하는 경우가 많다고 합니다. 대표님은 어떻게 생각하십니까? 대박 맞은 사람들이 자기절제를 하지 못해 흥청망청 돈을 쓰다가 망하는 것이 아닐까요?"

대표는 이런 답변을 내놓았다. "사업이나 투자시장에 몸을 담고 있는 사람이라면 버티고 버티는 와중에 크게 버는 때가 한 번은 온다. 대박을 맞았다고 흥청망청 써서 망하는 사람은 거의 본 적이 없다. 투자나 사업에서 대박을 맞은 사람들이 실패하는 경우는 자신의 능력을 과신한 나머지 제2, 제3의 대박을 낼 수 있을 것이라 기대하며, 신규 사업에 돈을 쏟아붓고, 주식하는 사람은 새로운 종목을 선정하여 자신만만하게 시장에 진입하게 되는데 여기서 거의 다 실패하는 경우가 많다. 소위 하늘의 선택을 받은 자만이 연달아 대박을 칠 수 있지, 평범한 사람의 경우는 한 번 맞기도 힘들다. 그렇기에 대박을 맞았다면 감사히 생각하고 추후의 처신에 신경을 써야 한다."

그래서 내가 다시 물었다. "그런데 대표님은 한 번 사업 대박 난 것 치고는 자산이 엄청 많으신데 이는 어떻게 설명하실 수 있으세요? 다른 비결이 있지 않을까요?"

대표는 잠시 생각한 후 이렇게 답했다. "나도 사업을 하면서 한 번의 대박 기회가 와서 재산을 일궜지만 그 뒤로는 사업을 계속하고는 있으나 대박은커녕 그냥저냥 유지해 왔고, 한번 자산이 모였을 때 이를 긴 시간 동안 신중히 굴리고 허투루 쓰지 않다 보니 지금 이 위치까지 왔지 별다른 비결이 없다."

철학이 담긴 멋진 답변이었다. 손대는 사업이나 투자마다 성공을 거두는 경우는 정말 드물다. 누구에게나 오는 기회는 아니지만 일단 성공의 문턱을 밟았다면 우선 현재의 기반을 단단히 다진 후에 다음

발걸음을 내디뎌야 하지 않을까 생각한다.

　투자시장에서 꿈같은 대박을 치는 사람들은 종종 있기 마련이다. 그러나 첫 번째 성공을 너무 과신한 나머지 더 큰 이익을 상상하며 관리 없이 무작정 두 번째 세 번째 투자처에 뛰어들다가 결국 가진 것을 다 잃는 일련의 과정들이 도박판과 유사하다는 생각이 들기도 한다. 마치 도박판에서 잭팟에 취해 다음 판돈을 걸고, 돈을 잃은 후 이를 만회하기 위해 다음 판에 더욱 큰 판돈을 걸다가 가지고 있는 돈을 모두 탕진하는 스토리 말이다.

　고생을 극복하고 성공의 길로 들어서려고 하는 순간 더욱 큰 기회를 쟁취하기 위해 전력투구하는 것은 비난할 일이 아니다. 아니 오히려 마땅히 존경을 표해야 한다. 그러나 투자세계에는 보이지 않는 암초가 산재해 있다. 없던 암초가 매일 새로 생긴다. 언제라도 걸려 넘어질 수 있으므로, 좌초가 되어도 버텨낼 수 있는 자기관리와 최소한의 안전장치를 구축해야 한다.

✹ One More Point.

'까불다가 망한다'는 말이 있다. 젊은이들의 지나친 패기를 경계하는 말로 자주 쓰이지만, 사실 누구나 귀담아들어야 할 말이다. 세상은 여러 번의 대박을 허락할 만큼 만만치 않다. 이 사실을 알면서도 성공에 도취하면 까맣게 잊고 만다. 당신이 그 길로 가고 있지는 않은지 점검의 시간이 필요하다.

42장

관리의 중요성 ④
가진 것을 지키는 법

돈은 당신을 행복하게 만들 수 없지만, 불행하지 않게 만들 가능성은 높다.
-데이비드 브리노

언론기사를 보면 성공에 도취되어 자기관리에 실패하고 나락으로 떨어진 사업가나 연예인들을 심심치 않게 볼 수 있다. 그런 뉴스를 볼 때마다 '저 사람들이 뭐가 부족해서'라고 안타까움 반, 비난 반의 심정으로 혀를 차지만, '성공 유지가 정말 어려운 일이구나' 하는 마음도 든다.

중국사에서 당 태종唐太은 청나라대의 강희제康熙帝와 더불어 중국사 최고의 명군으로 꼽힌다. 23년에 걸친 당 태종의 치세 동안 신하들과 나눈 대화를 정리한 책인《정관정요貞觀政要》에 나오는 '창업이수성난創業易守成難(창업보다 지키는 것이 더 어렵다는 뜻)'의 이야기다.

어느 날 당 태종은 방현령, 위징, 두여회 등 당대의 걸출한 신하들이 모인 자리에서 신하들에게 "창업이 어려운가? 수성이 어려운가?"라는 질문을 던졌다.

재상 방현령이 답했다. "천하가 혼란스러워지면 영웅들이 다투어 일어나지만, 쳐부수면 투항하고, 싸워 이기면 제압합니다. 이런 관점에서 말하면, 창업이 어렵습니다." 여기에 간의대부 위징이 반론을 제기했다. "왕이 군사를 거병하는 때는 반드시 세상이 어지러워진 시기입니다. 그러한 혼란을 제거하면 당연히 천하의 인심이 제왕에게 오게 됩니다. 창업은 하늘이 내리고 백성들이 거드는 것이기 때문에 어렵다고만 할 수는 없습니다. 그러나 일단 천하를 얻은 뒤에는 마음이 교만하고 음험한 곳으로 쏠리게 됩니다. 백성들은 편안한 휴식을 원하지만 각종 부역이 끝이 없고, 상류층의 사치스러운 일은 끊이지 않습니다. 나라가 쇠락하고 피폐해지는 것은 언제나 이로부터 발생합니다. 이러한 점에서, 이미 세운 업적을 지키는 일이 더 어렵습니다." 당 태종은 모두의 의견을 들은 후 "창업도 어렵지만 수성은 더욱 힘을 써야 할 사안이다"라는 결론을 내렸다.

이루기보다 어려운 일이 유지다. 일례로 대부분은 동안 연예인들을 부러워한다. 그런데 연예인들의 피부관리법을 엿보면 균형 잡힌 식단, 정기적인 운동, 적절한 수분 섭취 등은 기본이고, 정기적인 피부과 방문, 다양한 마사지 등 수단과 방법을 가리지 않는다. 이런 지독한 관리 때문에 연예인으로서의 위상을 계속 유지할 수 있는 것이다.

그런데 우리는 어떠한가? 성공한 사람들 정도의 유명세나 재력 등도 없으면서 현재의 능력이나 위치에 안주하고 이를 개선하려는 노력이 부족한 것이 현실이다. 사회 초년생 때의 체력만 믿고 관리하지 않고 버티다가 조금 나이 먹고 건강에 온갖 문제가 생기는 경우, 들어오는 급여에 도취되어 헤프게 쓰다가 어느 날 모아놓은 돈이 없다는 사실을 깨닫는 경우, 자신의 명성에 자부심을 느껴 주위 인맥관리 안 하다가 어느 날 혼자임을 깨닫게 되는 경우 등 우리가 유·무형적으로 이루어 놓은 것들이 어느덧 사라져 버린 상황에 직면하게 된다.

언제나 그렇듯 일을 벌이기는 상대적으로 쉽지만 이를 성공적으로 마무리하는 것에는 두세 배의 힘이 들기 마련이다. 그리고 정상의 자리에 오른 사람은 꽤 있지만 정상의 자리에 끝까지 머무르는 사람은 매우 적다.

'관리'의 사전적 정의는 '시설이나 물건의 유지, 개량 따위의 일을 맡아 함'이라고 한다. 사전적 정의에 부합하도록 우리의 몸과 마음을 유지·개량하는 데 지속적으로 신경써야 할 것이다. 그리고 새로운 기회를 통해 발전해 나가는 것도 중요하지만 조금이나마 가지고 있는 것이라도 관리를 통해 지켜나가야지만 발전의 속도가 더 빨라지지 않을까 생각한다.

One More Point.

대박 주식은 2보 전진, 1보 후퇴를 반복하며 꾸준히 우상향한다. 성공을 경험했다면, 잠시 쉼을 취하며 다음 단계를 신중히 고민해야 한다. 쉬지 않고 달리다간 금세 힘이 떨어져 쓰러지고 만다.

43장
관리의 중요성 ⑤
Passive Income

절약은 가난한 사람의 자산이고, 투자는 부자의 자산이다.

-로버트 기요사키

    자산운용과 관련하여 'Passive Income(수동적 소득)'이라는 개념이 있다. Passive Income은 노동의 대가로 얻은 임금이나 보수 이외의 소득을 의미하는데, 이자, 배당, 임대료 등의 투자수익, 유가증권이나 부동산 등의 매매 차익 등이 해당된다. 흔히들 이자나 임대료 등의 Passive Income을 이야기하면 몇몇 자산가들의 전유물로 여기면서 "나는 다음 생에나 가능하겠지" 하고 자조한다. 그러나 Passive Income이야말로 누구나 반드시 보유해야만 하는 안전장치라고 판단된다.

    불의의 사고나 질병, 실직 등으로 인해 수입이 끊기는 경우가 발생할 수 있다. 자산을 보유한 사람들의 경우 있는 자산을 활용하여 수입의 공백을 메울 수 있지만, 보통의 경우 수입원이 사라지면 곧바로 경제적 위기에 봉착한다. 실직하면 다른 직장을 구할 때까지 수입 공백이 생기고, 질병으로 일을 당분간 할 수 없는 경우에도 수입이 사라지다 보니 경제적 고통에 시달리게 된다. 경제적 고통을 단번에 해결하기 위해 로또에 집착하거나 고수익주라는 핑계로 묻지 마 주식투자를 감행하나, 이런 방식으로 성공했다는 사람은 아직 만나본 적이 없다.

소득과 관련된 문제가 발생하면, 소득 공백을 막기 위해 하지 말아야 할 선택을 하는 경우가 종종 있다. 직장을 잃었다고 할지라도, 다음 할 일을 구상하거나, 적어도 잠시 쉴 수 있는 틈을 확보해야 다음 단계로 원활히 넘어갈 수 있다. 그러나 급한 마음에 닥치는 대로 일을 구하다 보니 패착이 생긴다.

여기서 'Passive Income'의 중요성이 대두된다. 큰돈이면 금상첨화지만 한 달에 단돈 몇 십만 원도 '내가 일하지 않아도 얻을 수 있는 최소한의 수입 확보'라는 차원에서 소중하다. 최소한의 수입이란 최소한의 인간다운 생활을 할 수 있는 마지막 경제적 보루를 뜻하는데, 이를 자신의 노동에만 의지할 경우 언제 무너질지 모르는 모래성 위에 집을 짓는 것과 별반 다르지 않다.

또한 Passive Income은 최소한의 자유를 부여해 준다. '죽지 못해 하는 일'에 얽매여 있는 경우가 많다. 위에서 언급했듯 경제적 어려움은 계속 잘못된 선택을 하게 만드는데, 일을 하지 않고서는 별도의 소득이 생길 구석이 없으니 싫은 일을 계속해야만 하고 성과는 성과대로 안 나고, 개인의 커리어에도 별로 보탬이 되지 않는다. 악순환의 연속이라 보면 된다. 그러나 Passive Income으로 조금이라도 들어오는 수입을 확보하면 적어도 최악의 선택은 피할 수 있지 않을까.

일정 수준의 Passive Income을 만드는 데에는 시간이 오래 소요되고 그 과정도 쉽지만은 않다. 일단 투자를 위한 종잣돈부터 만들어야 하는데 이 종잣돈 만드는 것이 만만치 않은 일이다. 이를 잘 굴려 Passive Income을 창출할 수 있는 일정 수준의 자산(주식이던 작은 부동산이던)을 형성해야 하는데 이 과정도 수월하지가 않다. '언제 돈을 모으나', '내가 가진 적은 돈으로 투자해 보았자 수익이 나겠나' 하는 자조적인 마음이 당연히 들 것이다. 그러나 마음을 다잡고 조금씩 투자를 해나가지 않으면 현재의 경제적 고통에서 벗어날 길은 영원히 나타나지 않을 것이다.

One More Point.

Passive Income이 인생을 획기적으로 바꾼다는 의미는 아니다. 하지만 험한 세상에서 자신을 지켜줄, 나아가 가족에게 안식처를 제공해 줄 최후의 보루는 반드시 확보해야 한다.

44장

준비하는 삶 ①
수업료를 줄이는 법

경험은 최고의 교사이다. 단 수업료가 지나치게 비싸다고나 할까.

-토머스 칼라일

'수업료를 낸다'는 표현이 있다. 정해진 규정이나 암묵적 요령을 숙지하지 못해서 발생하는 비용을 뜻하는 속어다. '수업료'의 개념은 특히 주식시장에서 일반화되어 있는데, 단타를 하든 가치투자의 기조 하에 장기투자를 하든, 대부분의 개미 투자자들은 주식시장에 엄청난 액수의 수업료를 지불한다. 개미 투자자들이 1차적으로 '수업료'를 지불했다고 하지만 잃어버린 투자금에 대해 억울한 마음이 들게 된다. 손실을 회복하고자 있는 돈 없는 돈 끌어모아 다시 주식시장에 입장한다. 그러나 결과는 또다시 2차 수업료로 이어지는데, 전에 냈던 수업료보다 금액이 더 많아지는 경우도 허다하다. 하도 주식시장에 수업료를 납부하는 개미들이 많다 보니 '주식 입문자는 손실을 겸허히 받아들여야 한다. 그것이 수업료다'는 자기위안의 경구가 광범위하게 퍼져 있다.

개미 투자자가 시장에 수업료를 내는 이유는 간단하다. 준비 없이 시장에 덜컥 진입했다가 아주 비싼 증시 과목을 수강하고 나오는 것이다. 개미들은 비싼 과목을 수강하고 나서야 주식 공부를 시작하지만 이미 납부한 수업료를 만회하기가 그다지 쉽지 않다는 사실을 새삼 깨닫게 된다.

'수업료'의 개념은 굳이 주식시장으로 국한되지 않는다. 삶에서 내는 수업료도 그 종류와 액수가 매우 다양하다. 사업 실패, 어설픈 도전 등으로 금전적·기회적 손실이 발생하면 사람들은 '인생 수업료'라는 말로 위안을 삼는다.

왜 우리는 수업료를 계속 내고 있으며, 그 후에야 현실을 알게 되는 것일까? 가장 정석적인 답변은 바로 '준비 부족'이다. 예를 들어 ①부동산 투자에 있어 준비사항은 입지분석·세금 및 제도 습득·현지 임장 등 ②주식투자 준비사항은 기본용어 습득·종목분석·수급분석 등 ③가게 창업은 상권분석·원가분석·마케팅 계획수립 등이다.

해당 분야에 대한 기본적인 사항을 미리 준비하고 습득하라는 내용이다. 그런데 대다수의 사람들은 이 기본적인 준비 과정을 무시하고 바로 실전에 돌입하는 관계로, 실패를 거듭한다. 알다시피 세상에는 나보다 뛰어난 고수들이 널려 있다. 일반인이 자신감이 넘친다고 해서 기본적인 준비 없이 복싱 링에 올라 전문 복서와 붙는다면 그 결과는 뻔하다.

새로운 분야를 배우기 위해서는 일정 금액을 투자해야 한다. 세상에 공으로 얻는 것이 과연 얼마나 되겠는가? 수업료를 줄이는 방법은 있다. 해당 분야에 진입하기 전 사전조사나 경험치 축적을 통해 준비 과정을 반드시 거쳐야 한다. 물론 준비만 열심히 하다가 다가온 기회를 놓칠 수도 있다. 과도한 준비가 독이 될 수도 있다는 의미인데, 그렇다 하더라도 아무런 기반 없이 뛰어드는 것보다는 그나마 실패 확률을 줄이는 방법이다.

☀ One More Point.

지출한 수업료보다 더 많은 이익을 얻을 수만 있다면 인생은 흑자 연속이다. 철저한 준비로 수업료마저 아끼고 줄이는 짠물 전략이 최고다.

45장

준비하는 삶 ②
싸우지 않고 이기는 법

잘된 준비는 기적에 대한 희망보다 더 나은 것이다.
-선데이 아델라자

    전쟁학뿐만 아니라 경영학에서도 영원한 고전으로 손꼽히는 《손자병법》에는 '선승구전先勝求戰'과 '선전구승先戰求勝'이라는 말이 나온다. '승리하는 군대는 먼저 승리 여건을 갖춘 뒤 싸움에 임한다'는 이야기다. 손자가 구상한 최상의 방책이란, 싸우지 않고 이기는 것과 싸워야 한다면 '미리 이기고 싸우는 방안', 즉 미리 전략적으로 유리한 상황을 만들어서 승리가 확정된 상황을 만드는 것이었다. '미리 이겨 놓고 싸운다'는 것은 어떤 의미인가?

    고대시대 서양 세계 대부분을 지배했던 대제국 로마가 있었다. 로마제국을 떠받치는 근간 중의 하나로 무적을 자랑하던 로마군단이 있는데, 이 로마군단은 화려한 무기나 전술보다는 착실한 준비 태세 하에 전쟁에 임하는 것으로 유명했다고 한다.

"로마군대는 곡괭이(병참)로 싸운다." 로마의 명장 코르불로가 한 말이다. 로마군은 하루만 사용할 숙영지라도 정석대로 건설했다고 하며, 군단병들은 자체 매뉴얼에 따라 봉화대를 세우고, 천막을 세우고, 주거영역을 청소하는 등 기본에 충실한 숙영지를 완비했다. 또한 유대인 역사가 요세푸스는 로마군의 훈련은 '피 흘리지 않는 전투'와 같고 실전은 '피 흘리는 훈련'과 같다고 묘사했는데, 추상 같은 군기를 기반으로 항상 실전 같은 훈련을 반복했다고 한다. 이렇듯 전쟁터에서 발생할 수 있는 모든 사항을 미리 준비하고 나서 전쟁에 임했기에 로마군은 불패의 군단이라는 명성을 얻을 수 있었다.

내 앞에 거창하게 '결전'이라고 칭할 수 있는 시기나 도전의 기회가 나타날 경우가 있다. 개인마다 그 성격은 다르겠지만 고등학생의 수능시험, 대학생의 취업 전쟁, 직장인의 원하는 회사로의 이직 등 삶의 방향을 결정지을 수도 있는 결전의 시간이 다가온다. 하지만 인생의 결전에 임할 때, 문득 우리는 깨닫게 된다. '결전에서 이겨야만 하는데 내가 보유한 역량이 너무나 부족하다.' 하지만 결전의 시간은 내가 원했다기보다는 그가 마음대로 다가왔다고 해석하는 게 맞다. 가끔은 스스로 결전의 장으로 나아가기도 하지만 인생에서 흔한 일은 아니다.

결전의 시기, 특별한 기술이나 외부의 조력으로 승리를 쟁취할 수 있을까? 현실 세계에서 잘 일어나지 않는 일이다. 대부분은 자신이 가진 기존의 능력과 의지로 홀로 맞서야 한다. 결국 패배의 이유는 준비 부족이다. 준비가 잘 되어 있으면 이긴다는 의지에 충만해서 도전하지만, 준비가 미미할 경우 '혹시 어떻게 되지 않을까?' 하는 헛된 기대를 품고 나아가게 된다. 그리고 결과가 나왔을 때 전자와 후자의 차이는 하늘과 땅 차이임을 알게 된다. 솔직히 결전의 장소로 나갈 때 우리는 속으로는 결과를 대충 예측하지 않는가? '망했네' 하고 말이다.

그러나 삶의 결전에서 한 번 패배했다고 해서 끝은 아니다. 다음 '결전'이 반드시 찾아온다. 이전에 패배했던 삶의 전투를 복기하며 놓친 것은 없었는지, 보완해야 할 점은 무엇이었는지, 새롭게 익혀야 할 것은 무엇인지 등의 점검은 필수이며, 새로운 분야로의 시도를 통해 다음 결전을 준비해 가야 한다.

One More Point.

충분한 준비만이 삶의 전쟁터에서 분투하고 있는 우리를 '싸우지 않고 이기는 경지'로 인도할 것이다.

46장

준비하는 삶 ③
삶의 디딤돌을 만드는 법

당신의 미래는 오늘 무엇을 하는가에 달려 있다.

-마하트마 간디

크든 작든 사람마다 삶의 목표가 있다. 삶의 목표는 한 걸음으로 달성하기 어려우며, 여러 단계를 세워 놓고 이를 하나씩 성취해 가는 여정이다. 계단을 하나씩 오르듯 말이다. 그리고 이 과정에서 공백을 만나는데, 이를 메워주는 돌을 디딤돌이라 한다.

위키백과에 따르면 디딤돌a Stepping Stone이란 '낮은 곳에서 높은 곳으로 올라가는 것을 도와주기 위한 중간 단계의 돌'이다. 그리고 어떤 문제를 해결하는 데에 바탕이 되는 것을 비유적으로 이르는 말로 사용된다.

한국민족문화대백과사전에서는 디딤돌을 다음처럼 설명한다. '마루에 올라서기 편하게 한 디딤돌은 보통 보석步石 또는 섬돌이라 부르는데, 적당한 자연석을 약간만 다듬어서 쓰기도 하지만 대개는 화강석을 잘 다듬어서 장대석으로 만들어 쓴다. -중략- 잘 만든 계단의 디딤돌 중에는 올라가는 사람에게 부드러운 느낌을 가지게 함은 물론 강한 상징성을 내포하기도 한다.'

즉 디딤돌은 높은 곳으로 올라가는 것을 도와주어야 하기에 잘 다듬어야 함과 동시에 특정한 의미를 부여할 수 있도록 만들었다는 설명이다.

우리가 흔히 삶의 디딤돌로 삼는 것들은 공부와 배움이다. 다음 단계로 올라가게 해주는 전형적인 디딤돌이다. 그런데 우리가 밟는 돌의 모양새가 각각 달라질 수도 있다. 어떤 디딤돌은 아름다운 모양으로 나를 다음 단계로 데려가 주는 본연의 역할을 하지만, 어떤 디딤돌은 모양이 울퉁불퉁하여, 디딤돌은커녕 걸림돌이 되어 나의 성장을 방해하기도 한다.

예를 들어 자신의 글을 세상에 내보이고 싶다는 열망을 가진 작가들의 경우 여러 단계의 디딤돌을 밟아 나가야 유명 작가의 길로 들어설 수 있다. ①첫 번째 디딤돌 : 어찌 어찌해서 출판사와 계약을 맺고 책을 낸다. → ②두 번째 디딤돌 : 책을 냈는데 반응이 좋아서 저자 사인회도 열고, 일반 대중 앞에서 강의도 한다. → ③세 번째 디딤돌 : 첫 번째 책의 인기에 힘입어 두 번째 책을 출판한다. → ④네 번째 디딤돌 : 이제는 유명 작가의 반열에 올라 방송에 출연하거나 유명 인플루언서의 길을 걷게 된다.

작가의 길이 생각하는 대로 잘 풀리면 문제가 없을 터인데, 준비가 부족할 경우 첫 번째 돌을 밟다가 넘어지고 만다. 준비가 안 된 작가가 운이 좋아 책을 내보지만 작가의 부족한 역량으로 인해 첫 번째 책에 대한 반응이 폭망이라면 작가는 첫 번째 책을 디딤돌이라 생각하지만, 실상은 걸림돌을 밟아버리게 된 것이다. 그리고 다음 기회를 만나기까지 상당한 시간이 소요되고 만다(이 내용이 현재 글을 쓰고 있는 나 자신에게 해당되는 이야기 같아 가슴이 아프다).

삶의 디딤돌을 아름답게 만들려면 어떻게 해야 할까? 결국 자신이 준비되어 있어야 한다. '툭하면 준비만 해야 하나?' 하는 자괴감이 들 수도 있지만 충분한 내공이 쌓여 있지 않다면 새로운 디딤돌을 만들었다고 해도 이는 커다란 독이 되어 내게 돌아올 뿐이다.

일반적인 디딤돌의 경우, 오랫동안 손길이 닿아서 어느 정도 반듯하게 모양이 만들어지는 경우가 많다고 한다. 우리 삶을 제대로 성장시키려면 이 디딤돌을 다듬어내는 준비의 시간이 필요하다.

✺ One More Point.

준비를 통해 빚어진 튼튼한 디딤돌을 밟고 올라갈 때 우리 인생은 후퇴 없이 앞으로 나아갈 수 있다. 디딤돌을 촘촘히 만드는 과정을 무시하지 말자.

47장

준비하는 삶 ④
시기를 놓치지 않는 법

얻기 어려운 것은 시기요, 놓치기 쉬운 것은 기회이다.

-조광조

    모든 일에는 때가 있고, 누구에게나 때가 찾아온다. 꾸준한 노력과 시기가 맞아떨어져야 커다란 시너지 효과가 발생하게 됨은 굳이 강조할 필요가 없다. 우리가 소위 말하는 중요한 시기를 만나게 되면 어떻게 보면 승부처일 수도 있기에 이것저것 할 수 있는 것은 다 해보려고 노력한다. 그런데 막상 닥쳐서 이것저것 해보려고 하지만 시간만 속절없이 흘러가고 원하는 결과는 쉽사리 나오지 않는다.

    '목이 말라야 우물을 판다'는 뜻을 가진 '임갈굴정臨渴掘井'의 고사성어가 있다.

    중국 춘추시대의 노나라에서 반란이 일어나 노나라의 왕 소공魯昭公이 제齊나라로 피신을 하였다. 제나라의 왕 경공景公이 소공을 보고 물었다. "소공 당신은 이렇게 젊은 나이에 나라를 잃은 원인이 무엇이라고 보는가?" 소공이 답했다. "내 나이가 젊은지라 많은 이들이 나를 보살펴 주고는 했으나 내가 그들을 가까이하지 않았습니다. 그리고 많은 사람들이 나에게 올바른 권고를 했으나 나 자신이 좋은 의견을 받아들이지 않았습니다. 그리하여 저에게 아부하고 입에 발린 말을 하는 자들만이 내 주위에 있었기에 내가 이 지경에 처한 것입니다." 제나라 경공은 그 말이 옳다 여기고 소공이 다시 노나라로 복권되면 훌륭한 군주가 되리라 생각했다. 그러자 재상으로 있던 안영이 반대 의견을 개진했다. "물에 빠진 후에야 사전에 조심할 것을 깨닫고, 길을 잃은 후에야 사전에 파악하지 않음을 한탄합니다. 이는 음식을 먹다가 목이 메어서야 급히 우물을 파는 것과 같으니, 아무리 빨리한다 해도 이미 때는 늦은 것입니다."

임갈굴정臨渴掘井의 고사성어는 급박한 상황이 와서야 해결책을 찾으려는 사람의 모습을 비유하고 있다. 우리는 항상 해결해야 할 일을 미루거나 평소에 어영부영하며 시간을 소진하다가, 긴급 상황에 직면해서야 큰일이 터졌다는 사실을 깨닫게 된다. 큰일 났다는 것을 알고 허둥지둥 이것저것 시도해 보지만 시간을 들일 여유가 없는 상황에서 얼마나 효율적인 대응방안이 나오겠는가? 내게 주어진 짧은 시간 동안 신경은 신경대로 쓰고 일은 일대로 되는 것이 없는 총체적인 난국을 맞이하게 된다. 그러고 나서 '미리 대비 좀 할걸' 후회하지만 이미 때는 늦었다.

'목마른 자가 우물을 판다'고 한다. 무슨 일이든 가장 절실하게 필요한 사람이 그 일을 서둘러 시작한다는 뜻이지만, 대부분의 사람들은 '목이 말라야지만 우물을 파기 시작한다.' 만약 우물을 미리 파놓았다면 목이 마를 때 언제든지 갈증을 채울 수 있었겠지만, 우물에 대해서 생각도 하지 않고 있다가 인생의 가뭄을 맞이해서야 우물을 열심히 파보지만 정작 원하는 물을 마실 수 없는 상황에 직면하는 것이다. 목마름을 견딜 수 있는 시간은 한정되어 있다. 대부분 허둥지둥 우물을 파다가 파던 우물 옆에 쓰러지고 만다.

삶에 마주한 문제를 풀어내기 위해서는 의지도 중요하지만 그 시기에 맞는 적절한 대응이 무엇보다 중요하다. 평소에 꾸준히 이것저것 준비를 해놓았을 경우 '때'를 만났을 때 사용할 TOOL이 많이 구비되어 있어 당황하지 않고 순차적으로 대응할 수 있다. 반대로 아무 준비 없이 때를 만났을 경우, 보유한 능력이 출중하다 할지라도 이에 대응할 절대적인 시간이 부족하게 되어 결국 어려움에 직면하게 될 것이다.

One More Point.

작더라도 자신만의 우물을 미리 파놓는 노력을 해야 한다. 적절한 때가 언제 올지 모르니, 그때를 대비한 최소한의 보험은 들어놓아야 하지 않을까.

48장

준비하는 삶 ⑤
약자가 살아남는 법

성공은 준비된 기회와 만난 경우에만 실현된다.
-존 F. 케네디

　대한민국 최고의 인기스포츠인 프로야구에는 해마다 수많은 신인들이 슈퍼스타의 꿈을 꾸며 신인 드래프트의 문을 두드린다. 프로야구 드래프트와 관련하여 2005~2017년 드래프트에 참가한 선수는 9,940명이고 이 중 프로구단의 지명을 받은 선수는 1,141명이었다고 한다. 입단 확률은 10.8%, 1군 무대에 단 1경기라도 출전할 확률은 6.07%로, 고교, 대학생 선수 100명 중 94명은 프로 1군 무대를 밟지 못한다. 그리고 신인이 프로야구팀의 주전 선수가 될 확률은 0.68%다.
　이렇게 주전 되기가 하늘의 별 따기인 프로야구에서 '연습생 신화', 또는 '2라운더의 기적'이라 하면서 눈에 띄지 않던 선수가 주전으로 활약하는 경우를 종종 볼 수 있다. 기존 주전 선수의 부상 등으로 공백이 발생했을 때, 무명의 선수가 대타로 들어가 누구도 기대치 않던 활약을 펼치며 주전 자리를 차지하는 드문 경우다. 이런 선수들의 인터뷰는 비슷하다. "언제 기회가 올지 몰라서, 기회가 주어질 때 나를 증명하기 위해 준비하고 또 준비했다."

현대사회가 점점 폐쇄적으로 변해감에 따라 기득권들에게 기회가 우선적으로 부여되고 있으며, 남아 있는 몇 안 되는 기회를 놓고 대다수가 경쟁을 벌이는 구도가 고착화되고 있다.

보통의 경우 기회는 많지 않다. 끌어주는 배경이나 사람이 없기에 드물더라도 기회를 만나면 그 기회에 주어진 과업을 틀림없이 완수해 내야 한다. 그래야만 인정을 받고 다른 기회에 도전할 수 있는 일종의 자격을 부여받을 수 있다. 과장이라 생각할 수 있지만 엄연한 현실이 아닌가 판단한다.

주어지는 기회가 별로 없으니 일단 소중한 기회를 만나게 된다면 자신이 쓰임새가 있다는 사실을 바로 그 기회를 통해 증명해야만 한다. 증명해 내지 못한다면 다음 기회가 없기 때문이다. 혹 재도전의 기회를 만날 수 있지 않을까? 아마 없을 것이다. 마치 프로야구에서 신인이 대타로 들어섰는데 바로 안타 등을 만들어내지 못하면 다시 벤치나 2군으로 돌아가야 하는 것처럼 말이다.

자신의 쓰임새를 증명하려면 어떻게 해야 할까? 별다른 방법은 존재하지 않는다. 실력을 높이기 위해 평소에 꾸준히 준비하는 것 외에는 특별한 대책이 없다. 준비가 잘 되어 있지 않다면 기회가 오더라도 그 기회를 잡을 수 없기 때문이다.

그런데 언제 올지 모르는 기회를 기다리면서 항상 준비해야 한다는 결론에 이르기에는 문제점이 존재한다. 기회가 언제 찾아올지 모른다는 것에 함정이 있기 때문이다. 남들이 안 보는 곳에서 힘들게 준비했지만 결국 기회를 만나지 못하는 경우도 분명히 존재하며, 사람 일은 모르는 것이기에 준비해온 것이 결실을 맺을 수도 있고 허무하게 시간만 낭비하는 결과로 돌아올 수도 있다. 오지도 않는 기회만 바라보며 계속 준비만 해야 한다는 것은 견디기 힘든 가혹한 인생의 과정임이 분명하다. 하지만 기회가 오지 않는다고 그냥 지금 이 모습 이대로 사는 것보다는 나중에 좌절할지언정 그래도 무엇인가를 준비해 나가는 것이 좀 더 나은 삶의 자세가 아닐까.

One More Point.

어떤 이는 기회를 참으로 쉽게 얻는다. 연이어 성장도 빠르다. 이 불공평함에 분노할 수도 있다. 어쩌겠는가. 불합리하지만 현실인 것을. 그리고 불합리한 현실에 맞서 항상 싸워나가야 하는 것이 우리의 인생인 것을.

[쉬어가는 이야기 ③]

삶에서 견디기 힘든 시련을 겪는
이들을 위한 조언 (by 노라조/형)

삶이란 시련과 같은 말이야. 고개 좀 들고 어깨 펴 짜샤.
형도 그랬단다. 죽고 싶었지만 견뎌보니 괜찮더라.

마음껏 울어라. 억지로 버텨라. 내일은 내일의 해가 뜰 테니.
바람이 널 흔들고 소나기 널 적셔도 살아야 갖지 않겠니.

더 울어라. 젊은 인생아. 져도 괜찮아. 넘어지면 어때.
살다 보면 살아가다 보면 웃고 떠들며 이날을 넌 추억할 테니.

세상에 혼자라 느낄 테지. 그 마음 형도 다 알아 짜샤.
사람을 믿었고 사람을 잃어버린 자 어찌 너뿐이랴.
마음껏 울어라. 억지로 버텨라. 내일은 내일의 해가 뜰 테니.

더 울어라 젊은 인생아. 져도 괜찮아. 넘어지면 어때.
살다 보면 살아가다 보면 웃고 떠들며 이날을 넌 추억할 테니.

세상이 널 뒤통수쳐도 소주 한잔에 다 걷어내 버려.
부딪히고 실컷 깨지면서 살면 그게 인생 다야.
넌 멋진 놈이야.

4부

한계를 돌파하는 방법

49장

자신만의 용기 ①
두려움을 이기는 법

용기는 두려움이 없는 상태가 아니다.
진정한 용기란 두려움에도 불구하고 행동하는 상태이다.
-괴테

'용기 있는 자가 미인을 얻는다'는 말이 있다. 일반적인 남자들은 마음에 드는 이성이 눈앞에 나타났을 경우 여러 가지 생각에 빠지게 된다. '내 얼굴 가지고 저런 예쁜 여자와 사귈 수 있을까?', '나는 벌이가 그다지 좋지 않은데.' 이런저런 생각이 스치며 그냥 가던 길을 가게 된다. 남자들이 마음에 드는 이성에게 쉽사리 말을 걸지 못하는 주된 이유는 '거절당하면 어떻게 하지?' 하는 두려움 때문이다.

두려움은 자연스러운 현상이다. 새로운 것을 대할 때나 업무 등을 수행할 때 '내가 해낼 수 있을까?' '나에게 자격이 있을까?' 하는 불안한 마음이 앞선다. 특히 인생의 기로에 설 정도의 중대한 기회에 직면했을 때, 이 불안한 마음은 극대화된다. '내가 할 수 있을까?' 하는 작은 의심에서 출발하여 결국 '내가 되겠어? 내가 하는 것이 다 그렇지' 하는 체념의 상태로 돌입하게 된다. 본인의 역량으로 충분히 해낼 수 있는 일을 만났음에도 별다른 시도조차 못하고 실패로 귀결되는 결과로 이어지게 된다.

'나는 혼자가 아니라는 것을 깨닫자', '생각나는 의심을 모두 제거하라', '자신을 부정적으로 생각하는 것을 멈추기' 등 두려움을 극복하는 데 도움이 되는 다양한 조언들이 있다. 그런데 두려움을 극복하는 데 있어 가장 중요한 부분은 해당 문제에 직면하여 맞서는 것이다. 문제에 직면하여 '나는 할 수 없어' 하고 마음이 졸아들고 있을지라도 그냥 저질러야 한다. 별것 없다. 용기를 내어 문제에 눈 딱 감고 부딪혀 나가야만 한다.

남아프리카공화국에서 평등 선거 실시 후 뽑힌 세계 최초의 흑인 대통령인 넬슨 만델라의 어록이다. '인생의 가장 큰 영광은 한 번도 실패하지 않음이 아니라 실패할 때마다 딛고 일어서는 데 있다. 결코 넘어지지 않는 것이 아니라 넘어질 때마다 일어서는 것에 삶의 큰 영광이 존재한다. 나는 용기란 두려움이 없는 것이 아니라 두려움을 이겨내는 것임을 깨달았다. 용감한 인간은 두려움을 느끼지 않는 사람이 아니라 두려움을 극복하는 사람이다.'

용기를 내서 일어나지 않으면 어려운 상황은 변하지 않는다. 내가 못한다고 회피할지라도 나를 괴롭히던 문제와 환경은 그대로 남아 나를 압박해 올 것이다. 용기를 내서 문제와 맞선다고 해서 내 안의 두려움이 사라지지 않고 남아 있는 경우도 많다. 하지만 공포와 맞설 때,

그 공포를 극복할 수 있는 길이 생긴다. 두려움 가운데에서도 한 발씩 앞으로 나갈 수 있다면, 이를 통해 나를 괴롭히던 문제에서 벗어날 수 있게 된다.

어린아이가 네발자전거를 타다가 두발자전거로 넘어가는 시기를 만나게 된다. 아이는 두발자전거를 타본 적이 없기에 '내가 탈 수 있을까?' 하는 두려움이 있다. 하지만 아이는 주위의 응원에 힘입어 심호흡한 후 용기를 내어 두발자전거 타기를 시도한다. 당연히 처음에는 자꾸 넘어지지만, 어느 순간 아이 혼자서 두발자전거를 몰고 나간다. 그리고 아이의 마음에 두발자전거에 대한 두려움은 이미 사라져 있다.

One More Point.

두려움 극복하기는 아이의 두발자전거 타기와 유사하다. 아이가 용기를 내어 두발자전거에 올라탔듯이, 우리도 우리를 괴롭히는 문제에 용기를 내어 직면하고 이를 향해 걸어 나가야만 한다. 그러다 보면 어느 순간 두려움이 사라진 새로운 세상을 만나게 된다.

50장

자신만의 용기 ②
부조리에 저항하는 법

비열한 행위를 겁내는 것은 용기다.
또한 그러한 행위를 억지로 하라 할 때 그것을 견뎌내는 것도 용기다.

-존슨

　우리는 세상 속에서 부조리를 많이 목격하게 된다. 불공정, 갑질, 직장 내 괴롭힘, 채용비리, 카르텔 등 열거하기도 힘들 정도로 현 사회는 부조리가 만연되어 있다. 하지만 우리는 '나만 아니면 되지'라는 핑계로 부조리들에 눈을 감는 경우가 많다. 그런데 문제는 나 자신에게 부조리한 상황이 발생했을 경우이다. 참고 넘어갈 수도 있겠지만 그냥 넘어가기에 내 삶에 심대한 타격을 줄 수 있는 부조리에 직면했다고 하면 어떻게 해야 할까?
　학부모의 민원에 결국 세상을 등진 교사의 사건을 접하면서 갑질을 한 학부모에 대한 분노와 교사의 선택에 대한 안타까움이 동시에 몰려온 적이 있었다. 그런데 이런 생각도 들었다. 사람이 극한 상황에 계속 몰리게 되면 다른 생각이 나지 않고 현재 직면하고 있는 사안의 범위 내에서만 행동하는 것이 일반적이다. 그러나 해당 교사의 경우, 죽음을 선택하기 전에 '지렁이도 밟으면 꿈틀한다'고 용기를 내서 한 번이라도 싸워보고 다른 길을 찾아보지, 왜 두려움에 자신을 내맡겼을까 하는 안타까운 생각이 내내 들었다.

미국의 흑인 인권활동가 로자 파크스의 이야기다.

1955년 12월 1일, 미국 앨라배마주의 흑인 재봉사 로자 파크스는 일하던 백화점에서 집으로 가기 위해 버스를 타고 가던 중이었다. 당시 미국은 버스 내에서 흑백으로 나눠 자리를 차별하는 법이 존재했다. 해당 법의 내용은 '버스 기사는 반드시 백인이어야 한다. 흑인과 백인은 서로 지정된 좌석에서 격리된다. 버스가 차면 흑인들은 백인들을 위해서 본인들의 자리를 비워야 한다' 등이었다. 로자 파크스가 탑승한 버스는 시간이 지날수록 백인 탑승객들의 수가 늘어나기 시작했고, 버스 기사는 흑인들에게 좌석을 양보할 것을 요구했다. 그러나 파크스는 버스 기사의 요구에 당당히 "NO"라고 말하는 용기를 보였고, 결국 그녀는 경찰에 체포되는 지경에 이르게 되었다. 그러나 한 평범한 흑인 재봉사의 용기는 미국의 60년대를 강타한 흑인운동의 도화선이 되었고, 마침내 인종분리법이 위헌이라는 판결까지 이끌어내었다.

로자 파크스의 이야기 같은 거대한 변화를 기대할 수 없을지라도, 한 사람의 용기 있는 저항은 본인 삶의 긍정적인 변화를 가져올 것이라고 믿는다. 솔직히 사회의 부조리에 대한 저항은 용기를 내본다고 할지라도 그 반향은 미미하다. 하지만 저항하지 않고 수긍해 버린다면 타인이나 사회적 제도는 '당연히 그래도 되는 줄로 간주'되고 우리의 삶을 침범할 것이다.

회사나 사회의 부조리에 대해 용기를 내어 저항할 필요가 있다. 최악의 경우는 다니고 있던 직장을 그만두거나, 하고 있던 사회활동을 못하게 되는 것인데, 이런 문제가 삶에 있어 생각했던 만큼 커다란 문제가 아닐 것이다. 세상의 부조리에 대해 용기를 내었다는 사실은 내 삶을 변화시키고 개척하려는 의지를 만방에 알린 것이라고 할 수 있다. 부조리에 대한 저항을 통해 원하는 결과를 얻지 못했을지라도, 용기 있는 행동을 했다는 그 자체가 내 삶을 이끌어줄 원동력이 될 것이다.

One More Point.

내 경우도 회사생활을 하면서 부조리를 많이 경험하고 목격했다. 그 당시에는 회사에서 잘리면 큰일 나는 줄 알았기에 부조리를 못 본 척하고, 아니면 그냥 참고 다닌 적이 한두 번이 아니다. 그러나 조직을 떠나 내 일을 하다 보니 뭐 할 만한 것 같다. 이미 지나간 일이지만 회사를 그만두어도 내 삶에는 생각했던 만큼 큰 문제가 생기지 않는다는 사실을 알았더라면 좀 더 과감하게 부조리에 저항할 걸 하고 후회되기도 한다.

51장

자신만의 용기 ③
포기할 수 있는 법

위험한 곳에 과감히 뛰어드는 것만이 용기가 아니다.
뛰어들고 싶은 유혹이 강렬한 곳을 외면하고 묵묵히 나의 길을 가는 것도 용기다.
-<미생>의 대사중

제2차 세계대전 중에 영국 총리가 되어 연합군을 승리로 이끈 윈스턴 처칠의 유명한 명언이 있다. 'Don't give up(포기하지 말라)', 'Never give up!(절대 포기하지 말라!)', 'Don't you ever and ever give up!(절대 절대 포기하지 말라!)'

우리는 성공의 근본 원칙으로 '포기하지 말고 계속 도전하라'는 말을 들어왔다. 실패하더라도 포기하지 않고 실패를 밑거름 삼아 계속 전진하면 언젠가는 성공에 이른다고 하며, 많은 성공자들의 포기하지 않는 이야기가 꾸준히 회자된다.

사람은 마음속으로는 잘못되거나 모호함을 인정하면서도 절대로 포기하지 않는 것들이 한두 개씩 존재하기 마련이다. 계속 실패하지만 합격을 위해 정진하는 수험생, 계속 돈을 잃지만 주식시장에서 손을

떼지 못하는 투자자 등 희망이 보이지 않는 곳에 자원, 노력의 소비를 멈추지 못하고 있는 상황을 자주 볼 수 있다.

그런데 내가 현재 준비하고 있는 것을 성공시키겠다는 의지로 포기하지 않기보다는 어쩔 수 없이 이러지도 저러지도 못해 포기하지 못하는 경우가 훨씬 많은 것 같다. 속으로는 어쩔 수 없이 손에 쥔 것을 내려놓지 못하고 고민하고 있지만, 외부에 이야기할 때는 '성공을 위해 포기하지 않고 계속 내 갈 길을 가겠다!' 하고 포장하는 경우다.

〈동아 사이언스〉의 '박진영의 사회심리학'에 나온 내용을 인용해 본다. 브리티시 컬럼비아대의 심리학자 아담 디 파울라 교수팀은 포기할 때를 아는 것과 자존감이 관련을 보인다는 연구결과를 발표했다고 한다(Di Paula & Campbell, 2002). 자신을 그나마 긍정적으로 받아들일 줄 알고 자신감을 보유한 사람은 한 번 해서 안 되면 두세 번 정도는 해보지만, 그래도 안 되면 포기하고 다른 길을 찾는다고 한다. 반면에 자신감이 부족하거나 확신이 없는 사람의 경우 한 번 하고 안 되면 바로 포기하거나, 해도 안 되는 것에 계속 매달리는 모습을 보였다는 것이다. 그만두지 못하는 사람들의 경우 실패에 대한 두려움에 매몰되어 '할 수 없는 것'이 아닌 '할 수는 있는데 그렇다고 해내는 것도 아닌 모호한 상태'로 머물러 있게 된다고 한다.

실패 인정은 너무나 어려운 일이다. 우선 실패자로 여겨질 타인의 시선이 부끄럽기도 하고, 무엇보다도 자신의 존재 자체를 자신이 부정하는 것이기에 쉽사리 포기할 수가 없는 것이다. 그렇지만 열거한 괴로움에도 불구하고, 용기를 내서 자신이 실패했다는 것을 인정하고, 해오던 것을 포기할 수 있어야 한다. 그리고 자신을 믿고 새로운 길을 찾아서 길을 떠나는 또 다른 용기를 내야만 한다.

One More Point.

실패를 인정하기까지 많은 감정들이 지나간다. 하지만 아직도 실패를 인정하지 못하고 어영부영 포기하지 않고 있는 사람들을 보며 위안을 삼기 바란다. 아직 과거에서 벗어나지 못하는 사람보다는 낫다고 자신을 위로하며, 다시금 새로운 출발점에 설 수 있다는 사실에 감사의 마음을 가져보자. 누가 아는가? 새롭게 도전하는 분야에서 기존의 실패를 덮고도 남을 보상이 주어질지!

52장

자신만의 용기 ④
그만두는 법

당신의 운명이 결정되는 순간은 바로 당신이 선택하는 순간이다.

-앤서니 로빈스

    뉴스를 보다 보면 직장 내 괴롭힘이나 갑질로 인한 고통을 견디지 못하고 자살하는 직장인의 이야기를 적지 않게 접한다. 그런데 자살하는 직장인의 유형을 살펴보면, 소위 말하는 직장에서 잘나가거나 높은 지위에 있는 사람보다는 하위직에 있거나 열악한 노동환경에 있는 경우가 많다.

    노동인권단체 '직장갑질119'에서 2024년 2월에 설문조사한 내용이 있다. 직장인 1000명을 대상으로 시행된 설문조사에 따르면 '지난 1년 동안 직장 내 괴롭힘을 경험했다'는 응답이 30.5%로 10명중 3명이 직장 내 괴롭힘을 당했는데 노동 조건이 열악할수록 피해가 컸다는 응답이 나왔다고 한다. 직장 내 괴롭힘 경험 비율은 파견용역, 사내하청, 임시직 등에서 상대적으로 높게 나타났다.

확실히 우리 사회는 약자에게 가혹하다. 사회생활을 하다 보면 좋은 사람들도 많이 만나게 되지만 꼭 자신보다 약한 사람을 집요하게 괴롭히는 자가 어떤 조직에서나 존재한다는 사실을 깨닫게 된다.

그런 사람의 특징은, 상급자나 같은 직위의 동료와는 원만하게 지내면서도 '자신보다 약한 자'를 발견하면 숨어 있던 학대본능이 표출된다(참고로 '강자에게 약하고 약자에게 강한 자'는 현재 내게 잘해줄지라도 늘 경계하고 주의를 기울여야 한다. 내가 약자의 위치로 떨어지는 순간 태도가 돌변하여 나를 향해 자신의 힘을 과시하기 때문이다).

사회생활을 하면서 불행히도 '강강약약' 부류의 상급자를 만나게 되면 감당할 수 없는 지옥도가 펼쳐지게 된다. 그런 괴롭힘이나 부당한 노동 조건에 항거하지 못하고 시름시름 괴로워하다 결국 극단적인 선택을 하고 만다. 약자의 자살 뉴스에 꼭 달리는 댓글이 있다. '그렇게 괴로우면 그만두면 되지, 죽기는 왜 죽냐.' 하지만 약자의 입장에서는 괴롭힘을 당해도 현재 직장을 쉽게 그만둘 수 없는 형편이다.

1차적으로는 직장을 그만두면 경제적 어려움이 생기기도 하지만 그것이 다가 아니다. 대개 보는 시야가 좁기에 자신이 속해 있는 직장과 자기 자신을 동일시하는 경우가 많다. 괴롭힘을 당하면 가해자에 대한 분노도 분노이지만, 직장에서 인정받지 못함에 따른 자신에 대한 무능감, '나는 이 정도밖에 안 되는 사람인가?' 같은 무력감 등이 혼합되어 고통이 배가 되고, 이 고통을 견디다 못해 자살로 이어지는 흐름이 나타나는 것이다.

그러면 직장에서 빠져나오지 못할 어려움에 있을 때 약자는 어떤 선택을 해야만 할까? 다시 인용하지만 "그렇게 괴로우면 그만두면 되지, 죽기는 왜 죽나"가 결국 답이다.

어느 한 곳에서 인정받지 못했다고 해서 다른 곳에 가서도 인정받지 못하는 경우는 거의 없다. 사람의 기질과 처한 환경에 따라 결과가 다르게 나오는 것이지 한 곳에서 무능하다고 평가 받던 사람이 다른 곳에 가서도 영원히 가치 없다고 평가를 받는 것은 아니라는 말이다. 물론 기본적인 삶의 태도가 무너져서 어디를 가나 인정받지 못하는 사람도 있지만, 무엇인가를 성취하기 위해 노력해 온 당신에게는 다른 곳에서 인정을 받을 기회나 역량이 충분히 존재한다.

✱ One More Point.

'현재 있는 곳의 여러 가지 요건 때문에 그만두지 못한다'는 변명은 자신을 믿지 못해 하는 변명이 맞다. 세상의 중심은 당신이다. 당신은 분명 현재보다 더 좋은 곳에서 일할 수 있고 다른 이들의 인정을 받을 수 있다. 그러니 너무 힘들면 그만두라! 그리고 미래를 바라보기를!

53장

자신만의 용기 ⑤
세상에 맞서 싸우는 법

아무것도 손쓸 방법이 없을 때 꼭 한 가지 방법이 있다.
그것은 용기를 가지는 것이다.

-유태 격언

    오랜 시간 준비해 왔던 것이 실패했을 때, 사업 등의 실패로 가진 것이 다 사라졌을 때 깊은 절망이 뒤따라온다. 마음이 아프지만 '나는 실패했다'는 사실을 인정해야만 하는 상황에 직면한 것이다. 처음에는 발생한 사건에 대한 부정에서 시작하여, 세상에 대한 원망, 미래에 대한 두려움들이 가중되고, '내 인생은 여기까지인가' 하는 생각에 빠지게 된다. 주위에서는 '다음에 좋은 일이나 기회가 찾아올 것이다' 하며 덕담을 하지만 현재의 내 상황에 전혀 보탬이 되지 않고, 나는 그 자리에 그냥 쓰러져 있다. 어떻게 해야만 할까?
    우리가 익히 아는 이야기인, 명량에서 일본 수군과의 결전을 앞둔 이순신 장군이 선조 임금에게 올린 장계의 내용이다.

금신전선 상유십이今臣戰船 尙有十二 - 신에게는 아직 12척의 전선이 있습니다.

전선수과戰船雖寡 - 전선의 수가 절대 부족하지만

미신불사즉微臣不死則 - 보잘것없는 신이 살아 있는 한

불감모아의不敢侮我矣 - 감히 적은 조선의 바다를 넘보지 못할 것입니다.

이순신 장군도 외부로는 자신 있다고 외쳤지만 남아 있는 12척의 전선만으로, 일본의 300척이 넘는 대군을 상대해야 하는 상황에 깊은 절망을 느끼지는 않았을까? 이순신 장군 본인도 본인이지만 패잔병에 가까운 잔여 수군병사들과 두려움에 떨고 있는 백성들을 바라보며 좌절감을 넘어 체념의 감정이 들었을지도 모른다.

천만 관객을 돌파한 영화 〈명량〉에 나오는 대사다. "지금 우리에게 문제는 독버섯처럼 퍼져 있는 두려움이다. 만일 그 두려움을 용기로 바꿀 수만 있다면 그 용기는 백배 천배 큰 용기로 증폭되어 나타날 것이다. (중략) 죽기를 작정하면 반드시 살 것이고, 살고자 애쓰면 반드시 죽을 것이다."

절망적인 상황에서 이순신 장군이 선택한 방법은 죽기 살기로 싸우는 것이었다. 누가 봐도 어려운 상황에서 이순신 장군은 맞서 싸우는 쪽을 선택했고, 그 결과는 우리가 잘 아는 명량대첩이었다.

어려운 상황에 처하면 일단 긍정적인 측면에 집중해 보라는 조언을 듣게 된다. '내게는 건강한 육신이 남아 있다', '아직 조금이나마 재산이 남아 있다', '아직 내 곁에는 사랑하는 가족이 남아 있다' 등 자신에게 남아 있는 긍정적인 면을 생각해 보라는 것이다.

그런데 긍정으로 생각을 바꾸어도 실상은 큰 위로가 되지 않는다. 마음 한편에서는 끊임없이 다가오는 문제들에 대한 두려움이 가시지 않는다. '나의 미래는 어떻게 될까?', '내 상황은 나아질 수 있을까?' 하는 생각들이 끊임없이 마음속에서 휘몰아친다.

실패했는가? 어디서 어떻게 시작해야 할지 모르겠는가? 이순신 장군처럼 남아 있는 것이 무엇인지 파악하고, 앞이 보이지 않는 인생에 대하여 용기를 내어 죽기 살기로 싸워봐야 할 것이다. 남들은 실패했다고 하지만 아직 당신의 인생은 끝나지 않았기에 아직 패배했다고 할 수 없다. 용기를 내어 삶과 계속 싸우며 전진하는 한 당신은 아직 지지 않은 것이다.

One More Point.

실패의 순간은 싸움을 멈추는 순간이다. 이는 위로의 말이 아니다. 실패했다고 그냥 누워 있지 말고 억지로라도 일어나 용기 있게 전진해야 한다. 용기 있는 삶! 이것이 모든 것을 잃은 이가 세상을 향해 싸울 수 있는 유일한 무기이기 때문이다.

54장
질문하기 ①
원인을 파악하는 법

―

질문은 아무것도 없어 보이는 상태에서도 답을 만들어낸다.
해야 할 것은 올바른 질문을 던지는 것뿐이다.

-토니 로빈슨

    이해할 수 없을 정도로 많은 문제들이 우리를 괴롭히고 있다. 가벼운 사안이라면 툴툴 털고 넘어갈 수도 있지만, 그중 어떤 문제들은 삶을 통째로 흔들고는 한다. '가진 돈이 없다', '마음을 나눌 친구가 없다', '가정불화가 심하다', '하는 사업마다 실패한다' 등 우리를 괴롭히는 문제들은 다양한 모습으로 다가온다.

    닥쳐온 문제를 해결하기 위해 여러 시도를 해보지만 문제 해결은커녕 상황은 계속 꼬여만 간다. 문제를 해결하는 근본 방책으로 '문제의 원인'을 파악하라고 한다. 문제를 발생하는 근본 원인을 제거해야만 해결책을 도출할 수 있다고 하며, 문제를 파악하는 기본적인 방법으로 '질문하기'가 제시되고 있다.

    문제의 원인을 파악하기 위한 대표적인 방법론으로 '5 Whys 기법'

이 있다. '5 Whys 기법'은 다섯 번의 '왜?'라는 질문을 연속적으로 던져가며 표면으로 나타나는 이유가 아닌 문제의 근본 원인을 찾아내는 방법이다.

'내 통장에는 항상 돈이 없다'는 고민에 대한 '5 Whys' 예시를 들고자 한다.

① 왜 내 통장에 돈이 없는가? → 지출이 많은 것 같다.

② 왜 지출이 많은가? → 기본 지출 외에도 카드 할부금이 많은 것 같다.

③ 왜 카드 할부금이 많은가? → 차량 구매 등 목돈이 나가는 물건을 구매해서 그렇다.

④ 왜 목돈이 나가는 물건을 샀는가? → 남들에게 잘 보이고 싶어서다.

⑤ 왜 남들에게 잘 보이고 싶은가? → 남들이 나를 무시하지 못하게 하고 싶기 때문이다.

내 통장에 돈이 없는 근본 원인을 찾아보았더니 '남들이 나를 무시할 것이라는 걱정'이 답으로 나왔다. 원인을 알았으니 정답이라 할 수는 없지만 여기에 대한 해결 방안으로 자존감을 키우고, 자신의 현실을 냉철하게 바라보는 훈련을 하는 등의 대안이 제시될 수 있다. 예시로 든 내용이지만 발생한 문제의 근본 원인은 결국 전혀 엉뚱한 곳에서부터 시작함을 알 수 있다.

인생의 문제를 만날 때마다 '나에게만 왜 이런 일이 생기는가!' 하고 한탄하는 것이 아닌 '나에게 왜 이런 일이 생겼을까?' 하는 원인을 파악하는 질문을 해야만 한다. 가족의 우환이나, 천재지변 같은 대처가 불가능한 문제들도 있지만, 웬만한 문제들에 대해 질문을 던져가며 원인을 파악해 보면 대부분의 원인은 외부가 아니라 내부에서 기인한다.

원인을 알았다고 해도 문제가 단번에 해결되는 것은 아니다. 그럼에도 불구하고 질문을 통한 원인 파악은 매우 중요하다. 왜냐하면 문제 원인 제거는 지금 내가 겪고 있는 어려운 상황을 타개하는 시발점을 의미하기 때문이다. 원인을 제거하면 거기서 발생한 1차 상황을 개선할 수 있고, 그다음 1차 상황으로부터 파생된 2차 상황도 해결이 가능하다. 이런 연계 과정을 통해 결국 표면적으로 보여지는 문제를 해결해 나갈 수 있게 되는 것이다.

인생은 문제해결의 연속이다. 만나는 문제를 해결해 내면 길을 계속 갈 수 있지만, 해결해 내지 못하면 그 자리에 주저앉고 만다.

※ *One More Point.*

풀리지 않는 문제 앞에서 주저앉지 말고, 계속 질문을 던져보기 바란다. 질문을 하다 보면 반드시 해답을 찾아낼 수 있고, 또한 이를 통해 고통에서 벗어날 수 있다.

55장

질문하기 ②
경험을 성공으로 바꾸는 법

현자는 옳은 답을 주지 않고 옳은 질문을 한다.

-발타자르 그라시안

    18세기 호레이스 월폴이라는 영국 작가가 소개한 〈세렌디프의 세 왕자〉라는 설화에서 유래한 세렌디피티Serendipity라는 단어가 있다. 인도 세 왕자가 전설 속 보물을 찾아 떠나지만 찾지 못하고 그 대신 계속되는 예기치 않은 사건 속에서 궁극적인 지혜를 얻었다는 이야기에서 유래한 내용이다.
    세렌디피티의 원어적 정의는 다음과 같다.
    ①'An unsought, unintended, or unexpected, but fortunate, discovery and/or learning experience that happens by accident. → 원하지 않았거나, 의도하지 않았거나, 혹은 예측하지 않았지만 운 좋게 발견한 것 또는 우연히 얻은 경험. ②A combination of events which are not individually beneficial, but occurring together to produce a

good or wonderful outcome. → 각각이 유익하지는 않으나 함께 발생하여 멋진 결과를 만들어내는 사건의 조합.

목표에 대한 집중력을 가지고 정진에 정진을 거듭하여 성공에 도달하는 경우도 있겠지만, 의도치 않은 방향에서 성공이 다가오는 경우도 있다. 아마 성공의 케이스는 전자보다 후자가 많을 것이다. 그런데 하는 일에서 성과를 내거나 작은 성공을 거두면 대부분 '내가 잘나서'라는 착각을 하고는 한다. 성공은 한 번 하고 끝나는 것이 아닌, 작더라도 지속적으로 이어져야만 커다란 성공으로 성장하는데 '자신이 잘났다'고 간주해 버리는 순간 성공으로 가는 길의 연속성은 끊어지고 만다.

성공의 연속성을 이어나가려면 자신에 대한 자부심을 고취하는 대신 '나는 어떻게 성공했을까?' 자문해 보아야 한다. 성공의 원인이 '소 뒷걸음질 치다가 쥐를 잡는 경우'처럼 정말 운이 좋아서일 수도 있지만, 좋은 운을 만났다고 할지라도 나 자신이 최소한의 준비가 되어 있지 않았다면 그 기회는 그냥 내 눈앞에서 사라져버린다. 그렇기에 질문을 통해 내가 어떤 과정에 있었고, 어떤 준비를 해왔는가에 대한 점검이 이루어져야 한다.

세렌디피티의 한 예로 다이어트 콜라 등에 들어가는 감미료인 '수크랄로스'의 사례가 있다. 설탕보다 단맛이 600배 더 강한 물질인 수크랄로스는 원래 살충제에 넣으려 했던 화학성분이었다. 그러나 영어를 잘 하지 못했던 화학자는 테스트Test해 보라는 말을 맛보라Taste는 말로 잘못 알아들었고, 여기서 수크랄로스의 강력한 단맛이 발견되었다.

수크랄로스의 경우 맛을 보았던 화학자가 '왜 단맛이 나지?' 하는 질문을 던지지 않았다면 각광받는 다이어트 원료는 세상에 나오지 못했을 테고, 추가적으로 수크랄로스가 단맛을 내는 이유에 질문이 이어지지 않았다면, 살충제가 감미료로 바뀌는 극적인 과정은 없었을 것이다.

성공이나 성취를 이루었다면, 그것이 이루어진 과정이나 원인에 대해서 질문을 던져보아야 한다. 또한, 질문을 던지는 과정을 통해 내게 맞는 성공 방식을 찾아낼 수 있을 것이다.

One More Point.

우리가 만나는 여러 작은 성취들에 대한 질문을 해나가다 보면, 그에 비례하여 자신만의 성공방식도 쌓여나가는 것을 볼 수 있을 것이다. 그리고 질문을 통해 쌓인 나만의 노하우는 삶의 어려운 고비를 넘어가야 할 때 그 힘을 발휘할 것이다.

56장
질문하기 ③
상황을 정리하는 법

질문하는 사람은 답을 피할 수 없다.

-카메룬 속담

    삶 속에서 진정한 자기를 실현하는 방법으로 '자아성찰'이 흔히 제시되고는 한다. 그리고 자아성찰에 있어 가장 우선시 되는 질문은 아마 '나는 누구인가?'에 대한 질문일 것이다. 이에 대해 위대한 철학자 데카르트는 "나는 생각한다. 고로 존재한다"는 불후의 명언을 남겼고, 소크라테스는 "네 자신을 알라"라는 영원히 회자되는 경구를 남겼다.

    '나는 누구인가?' 하는 질문은 스스로 돌아보며 자신을 분석하는 자아성찰과 연결되고, 질문을 통해 자신의 정체성이나 특성을 깨닫도록 도와준다고 한다. 그런데 "자신을 아는 자는 세상에서 못 해낼 일이 없다"고 니체가 이야기했는데, 이는 다르게 이야기해서 자신을 아는 것이 얼마나 어려운 일인가를 설명해 준다.

    여기서 먼저 '나는 누구인가?'에 대한 자아성찰의 답을 얻었다고 가

정해 보겠다. 나의 정체성도 알고 내가 좋아하는 것이 무엇인지 알았는데 문제는 내가 직면한 현실은 나의 정체성과 무관하게 돌아가고 있다는 것이다. 내가 직면하고 있는 상황이 너무 다양하고 급박한지라 바로 대처하지 않으면 나 자신을 보살피기는커녕 그냥 상황의 흐름에 휩쓸리고 마는 것이 현실이다.

이런 관계로 자아성찰에 대한 질문도 중요하지만 자신을 둘러싸고 있는 상황에 대한 질문을 던지는 것이 더욱 효율적이라고 생각한다. 상황에 대한 질문이란 '왜why'라는 질문으로 귀결된다. '왜'의 개념은 세계적인 전략 커뮤니케이션 전문가 사이먼 시넥의 세계적 베스트셀러 《스타트 위드 와이》를 통해서도 유명해진 바가 있다.

'왜 나는 이 일을 하고 있지?', '나는 왜 ○○를 참고 있지?', '왜 내게 자꾸 일이 몰리는 거지?' 등의 '왜'라는 질문을 하면 '그것은 ○○하기 때문이다'는 답변이 따라온다. '○○하기 때문이다'는 답변은 현재 나의 위치를 규정하고 있는 수많은 상황들과 연계된다. 그런데 연계된 상황들을 점검하면 내 역량으로 개선할 수 있는 상황이 있는가 하면, 현재의 나로서는 어떻게 해볼 도리가 없어 감내해야 하는 상황도 존재한다.

극복하지 못할 어려운 상황은 존재하지 않는다고 하지만, 어떤 경우에는 극복하는 것보다는 길을 돌아가야 할 때도 있는 것이다. 만약 정 안되는 상황에서 길을 돌아가야 한다면 가능한 것과 불가능한 것을 구별해야만 하는데 이는 적절한 질문을 통해서 파악할 수 있다.

미국의 금주협회에서 애용되면서 유명해진 신학자 라인홀드 니부어의 '평온을 비는 기도Serenity Prayer문'의 일부이다. '주여! 바꿀 수 없는 것은 받아들이는 평온을, 바꿀 수 있는 것은 바꾸는 용기를, 또한 그 차이를 구별하는 지혜를 주옵소서!'

변화무쌍한 상황에 대처하기 위해서 중요한 것은 해당 상황에 대해 핵심 질문을 계속 던져보는 것이다. 질문을 던지다 보면 할 수 있는 것과 할 수 없는 것의 분별이 나타나기 마련이다. 모든 것을 해결하겠다고 떠안는 것보다는 상기의 기도문처럼 올바른 질문을 통해 상황을 정리하고 이에 맞춤대응을 해보자. 이런 과정들이 자신을 보살피는 데 있어 더욱 효과적일 것이다.

☀ One More Point.

물론 '왜'라는 질문을 던진다고 해서 어려운 상황에 대한 대처법이 바로 나오는 것은 아니다. 그러나 자신이 질문을 던지고 스스로 이에 대한 답변을 해나가는 과정에서 상황에 대한 대처법을 스스로 정리할 수 있게 된다.

57장

질문하기 ④
상황에 맞게 접근하는 법

―

스스로 자기 자신에 대해 좋은 질문을 하는 것은
자신의 동기, 우선순위, 목표 등에 대한 놀라운 깨달음으로 이어진다.
-제임스 파일

박찬욱 감독의 영화 〈올드보이〉에 나온 유명한 장면을 이야기해 볼까 한다. 누군가에 의해 영문도 모르고 15년을 갇혀 있던 주인공 최민식은 "누가 나를 가두었을까? 왜 가두었을까?" 하는 질문을 던졌다. 그러나 이에 대해 상대역인 유지태가 답했다. "틀린 질문을 하니까 맞는 대답이 나올 리 없잖아. 올바른 질문은 왜 15년 동안 감금해 두었을까가 아니라, 왜 15년 만에 풀어주었을까지."

'Garbage-in Garbage-out(GIGO)'는 '쓰레기를 넣은 곳에 쓰레기가 나온다'는 의미다. 올바르지 않은 데이터를 입력하면(Garbage-in) 올바르지 않은 결과값이 나온다(Garbage-out)는 부가설명도 가능하다. 삶에 대한 답을 찾으려면 질문을 하라고 하는데, 이와 관련하여 '올바른 답을 찾는 일은 적절한 질문을 던지는 데서 시작해야 한다'는 아인슈타인의 명언이 있다. 우리가 문제에 대한 답을 찾지 못하고 있다면 'Garbage-in Garbage-out'의 표현처럼 과연 적절한 질문을 했는지 생각해야 한다.

문제해결이나 삶의 방향성을 위해 질문을 계속 던져나가야 하지만 그때그때 발생하는 상황에 맞는 질문을 해야 할 필요가 있다. 질문의 종류에는 여러 가지가 있지만 ①문제를 정의하는 질문 ②방법을 찾는 질문 ③새로운 접근을 하는 질문 ④ 삶의 전체를 보는 질문으로 분류해 보고자 한다.

① 문제를 정의하는 질문

내게 발생한 상황을 정확하게 파악하는 데 적용되는 질문이다. 일단, 어려움을 빠져나가려면 내게 어떤 일이 생겼는지 알아야만 하는데, 문제를 정의하지 못하면, 엉뚱한 해답을 자꾸 갖다 붙이게 된다. 어려움이 있을 때 '나는 왜 되는 게 없을까?' 하는 대신, '나를 어렵게 하는 것이 무엇일까?' 하는 질문을 던져보는 것이다.

② 방법을 찾는 질문

문제에 대한 정의를 내렸다면, 문제를 해결할 수 있는 방안에 대한 질문을 던진다. 단순히 '어떻게 하지'라고 하는 대신, '이 문제를 해결할 수 있는 정보를 어디서 찾아야 하지?', 혹은 '문제와 관련하여 타인의 조언을 들으려면 어떻게 하지?' 등 방법을 찾는 질문을 해보는 것이다.

③ 새로운 접근을 하는 질문

아무리 생각해도 문제의 원인을 못 찾거나, 해결방법이 떠오르지 않는다면, 아예 〈올드보이〉의 장면처럼 접근하는 관점을 변경하는 질문이다. '회사에서 안 잘리고 승진을 하려면 어떻게 해야 하지?' 등의 질문에서 '회사를 다니지 않고서도 수익을 창출하려면 어떻게 해야 하지'라는 질문을 통해 판을 바꾸어 보는 것이다.

④ 삶의 전체를 보는 질문

베스트셀러《사피엔스》의 저자인 역사학자 유발 하라리의 질문이 있다. '우리는 무엇을 원하고 싶은가?' 이런 질문과 같이 삶의 전체적인 면을 관조하는 질문을 던져보는 것이다.

나름으로 질문의 유형을 정리하고 보니 질문을 한다는 것은 그 자체로 매우 어려운 과정임을 깨닫게 된다. 앞에 들이닥치는 문제를 생각하기도 바쁜데 언제 상황에 맞는 질문을 생각해서 언제 적용하라는 말인가? 이처럼 당연한 반론이 제기될 수 있다. 그러나 상황에 맞는 올바른 질문을 해야만 우리의 삶을 원하는 대로 이끌어 갈 수 있을 것이다. 엉뚱한 질문을 통해 얻는 잘못된 해답으로 이대로 우리의 삶을 낭비하는 것은 너무 억울하지 않은가.

One More Point.

갈림길에서 길을 잘못 들어서면 아무리 많은 노력을 해도 목적지에 도달할 수 없다. 과연 이 길이 맞는지 먼저 확인한 후 길을 헤쳐나갈 방법들을 계속 고민해야 한다.

58장

버티기 ①
경험치를 쌓는 법

어떻게 기다려야 하는지 아는 자에게 적절한 시기에 모든 것이 주어진다.

-노먼 빈센트 필

　게임에는 레벨업Level-Up 개념이 있다. 게임에서 주어지는 여러 가지 퀘스트를 수행하여 경험치가 쌓이면 레벨업이 된다. 게임 내 캐릭터가 더욱 업그레이드되어 재미있고 수월하게 게임을 풀어나갈 수 있게 되는데, 문제는 이 레벨업을 하기 위해서는 엄청난 노가다(?)가 필요하다는 것이다[요즘에는 레벨업을 위한 노가다를 자동으로 해주는 방치형 게임도 많이 나오고 있지만, 아직 대부분의 게임은 현질(게임 내 과금)을 하지 않는 한 미친 듯이 노가다를 해야만 레벨업이 되는 시스템을 채택하고 있다]. 즉, 게임 내에서 레벨업을 위해서는 단순 노가다를 견뎌야 한다.
　한 취업준비생(이 취업준비생을 A라고 지칭하겠다)을 만나 이야기를 나눌 기회가 있었다. 대부분 취준생의 질문이 그러하듯 '취직을 잘하려면 무엇을 준비해야 하는가?' 등의 내용으로 이야기를 나누었다. A의 인상이 착해 보여서 단순히 '스펙 쌓아라!', '자기계발 열심히 해라' 등의 고리타분한 이야기를 해주는 대신 A의 이야기를 더 들어 보기로 했다.

A는 학교를 졸업한 후 물류회사에서 2년 간 근무했고, 물류회사에서는 비전이 없다고 판단하고 유통업계 MD로 이직했다. 그런데 막상 이직한 곳의 업무가 자신에게 맞지 않아 6개월도 안되어 그만두고 다시 직장을 구하고 있는 상황이었다.

A에게 "어느 분야의 일을 하고 싶냐"고 물었다. 물류회사는 비전이 안 보여서 유통이나 마케팅 분야의 일을 해보고 싶다는 답변이 나왔다. 나는 A가 물류회사 경력이 2년 있기에 물류회사로의 취직이 상대적으로 수월할 테지만, 유통회사 MD로서는 다시금 신입으로 들어가서 일하는 수밖에 없다고 이야기했다. 6개월도 안 되는 유통회사 경력으로는 타 회사에서 인정을 해주지 않기 때문에 만약 A가 유통회사 MD로서 다시금 일하고 싶다면 지난 6개월의 시간은 잊고 새롭게 준비하여 신입으로 시작해야 한다고 말이다. 최소한의 경력이 쌓여야 원하는 직종으로 이직이나 취직이 쉽지 기초 경력이 없으면 쉽지 않다는 이야기도 해주었다.

내가 A에게 해준 말이 직장을 구하는 데 있어서 정답이 아닐 수 있다. 하지만 A의 경우를 살펴보면, 이는 우리가 매번 직면하고 있는 상황과 유사하다는 생각이 든다. 어떤 분야를 해보고 아니다 싶으면 초기에 빠져나오면 되지만 길을 가다가 어정쩡한 상태에서 가던 길을 멈추어 버리는 경우가 종종 있다.

이럴 때는 어떻게 해야 할까? 인생의 레벨업을 위해서는 게임에서처럼 최소한의 경험치가 쌓여야만 한다. 이 경험치를 쌓기 위해서는 특정 상황에서는 어쩔 수 없이 버텨야만 할 것이다. 버텨내야만 그 과정에서 생기는 여러 경험들이 자신도 모르는 사이에 자신을 레벨업 해주는 도우미 역할을 해준다.

괴로운 여정과 관련하여 어느 정도까지 버텨야 할 것인가에 대한 정답은 없다. 다만 내가 싫어하는 길이라 하더라도 중간에서 포기하기보다는 일단 버텨서 좋은 결과든 나쁜 결과든 간에 일종의 마무리를 지어야 한다.

버티고 버텨서 작지만 어느 한 분야에 대한 경험치가 축적된다면 삶의 레벨업에 작은 보탬이라도 될 것이다. 그러나 도중에 포기한다면 새로운 분야뿐만 아니라 내가 경험했던 분야에서도 다시 처음부터 고생해야만 하는 상황이 발생한다. 이런 경우는 피해야 하지 않겠는가?(마치 게임에서 레벨업을 위한 노가다를 중도에 포기한다면 해당 레벨업을 위해 처음부터 다시 노가다를 해야만 하는 것처럼)

❋ *One More Point.*

단군신화에도 나온다. 쑥과 마늘을 끝까지 먹은 곰은 사람이 되고, 도중에 버티지 못하고 포기한 호랑이는 죽도 밥도 안 되었다.

59장

버티기 ②
결국 성공에 이르는 법

탁월한 성취 뒤에는 언제나 끈덕지게 버티는 힘이 숨어 있는 법.
버텨라. 끝내 버티면 이긴다.

-앤드류 매튜스

　성공을 위한 요건에는 여러 가지가 있다. 자신의 노력, 끌어줄 수 있는 멘토와의 만남, 부모가 물려준 부, 자신만의 특출난 재능, 강력한 인맥 등 이런 여러 가지 요소가 한데 어우러지면서 성공의 길이 활짝 열린다. 그런데 이 중 하나도 보유하지 못한 평범한 사람들의 경우는 어떻게 성공의 길로 갈 수 있을까? 아니 성공이 아닌 현상 유지라도 해내려면 어떻게 해야만 할까?

　살아남는 자가 강한 자라는 말이 있다. 소설가 고 이외수 님도 "초지일관 한 가지 일에만 전심전력을 기울이면서 '조낸' 버티는 거야"라는 말을 남겼다. 평범한 사람이 현상 유지라도 하려면 결국 '버텨야 한다'는 결론에 이르게 된다.

　버티기에는 2가지 단계가 있다. 첫 번째는 능력을 키우는 과정을 버티는 단계다. 일단 버티다 보면 '서당개 삼 년이면 풍월을 읊는다'는 속담처럼 내가 특출난 능력이 없더라도 내가 속한 분야에서 생존만 해낸다면 엄청난 실수를 하지 않는 한 기본적인 능력이 쌓인다. 첫 번째 단계는 기본적인 능력을 쌓아나가면서 그 지난한 과정을 버티는 데에 의미를 둔다.

두 번째 단계는 기본 능력을 보유했다는 가정 하에 기회를 만날 때까지 버티는 과정이다. 기회는 언제 나에게 올지 모른다. 그 기회를 만나는 데 시간은 좀 오래 걸릴 수 있다. 그렇지만 그 기회가 올 때까지 이를 악물고 버티는 것이 버티기의 정수일 것이다. 주위를 둘러보면 단기간에 성공이라는 과실을 취한 사람들도 많다(굳이 버티기의 과정을 1단계, 2단계로 나눈 이유는 기본 능력이 없는 상태에서 기회를 만나면, 그 기회는 내가 아무리 원한다고 할지라도 손에 움켜진 모래처럼 나를 그냥 지나쳐 버리기 때문이다).

버티기, 말은 쉽지만 실행은 너무 어렵다. 어떻게 버텨야 할 것인가? 특별한 방법이 있을까? 여기 버티는 데 있어 특별한 기술이 있기에 공유해 본다.

①작은 손수건을 준비한다 → ②작은 수건을 길게 돌돌 만다 → ③돌돌 만 수건을 내 이빨 사이에 문다 → ④수건을 이 악물고 견뎌낸다.

이를 더 깊게 해석해 보겠다.

①내가 가야 할 길(분야)을 정한다 → ②일단 해당 길에 뛰어든다 → ③죽기 살기로 견딘다(이 버티기 기술은 성취를 이루는 데까지 오랜 시간이 걸린다는

약간의 단점이 존재한다)

버티기는 별 기술이 필요하지 않다. 일반적인 사람들의 경우에는 그냥 하던 거 머리 박고 견디는 방법밖에는 존재하지 않는다. 물론 주위에는 단기간에 성공한 사람들이 보인다. 이런 사람들은 소위 '하늘이 낸 사람' 혹은 '전생에 나라를 구한 자'일 것이다.

지금 내가 처해 있는 상황에 만족한다면 굳이 힘들게 버틸 필요가 없다. 인생 행복하려고 사는데 굳이 고생할 필요가 어디 있겠는가? 하지만 현재 자신의 상황에 만족하지 않고 개선된 삶 및 밝은 미래를 꿈꾼다면 고난의 과정을 견뎌내야만 할 것이다.

One More Point.

버리고 버려도 그간의 고생이 허무할 정도로 아무 일도 일어나지 않는 슬픈 경우도 있다. 그럼에도 불구하고 실낱같은 희망일지라도 지금의 힘든 과정을 버려낸다면 그래도 아무것도 하지 않고 즐겁게 살겠다는 환상에 빠져 있는 것보다는 성공의 길에 가까이 가고 있는 것이라 판단해 본다.

60장

버티기 ③
위기를 극복하는 법

―

인내란 단순히 기다리는 능력이 아니다.
기다리는 동안 어떻게 처신하느냐가 중요하다.
-조이스 마이어

삶의 길을 가다가 크나큰 실패를 경험하거나, 인생의 항로를 잃어버리고 방황할 수 있다. 활로를 찾기 위해 여러 가지 노력을 해보지만 무용지물일 경우가 많다. 인생의 위기에서 벗어나기 위해서는 어떤 삶의 자세를 가져야만 할까?

고대 서양 역사에 포에니 전쟁이 있다. 포에니 전쟁은 기원전 264년에서 기원전 146년 사이에 로마와 카르타고가 세 차례에 걸쳐 120년간 벌였던 전쟁을 지칭한다. 그중 2차 포에니 전쟁이 가장 유명하다. 이때 고대세계 최고의 명장 중 하나로 인정받는 카르타고의 한니발이 등장하기 때문이다.

한니발이 이끄는 카르타고군과 로마군이 칸나이라는 지역에서 명운을 건 전투를 벌였는데 여기서 로마군이 전무후무한 대패를 당하게 된다. 대패를 당한 로마의 경우, 정예군단의 소멸도 문제였지만, 수많은 동맹들이 로마로부터 등을 돌리는 등 로마는 절체절명의 위기에 몰린 상황이었다.

하지만 로마는 전혀 해결책이 보이지 않음에도 위급한 상황을 인정하고 슬퍼하고 괴로워하는 대신 현재 자신들이 그나마 할 수 있는 것을 수행하였다. 카르타고군과의 정면 싸움을 최대한 피하고, 그나마 남아 있는 동맹을 관리하고, 없는 살림에 계속 군대를 편성하는 등 로마는 한니발의 카르타고군에 끊임없이 패배하면서도 포기하지 않고 항전하였다. 그렇게 버티고 버텨서 결국 로마는 카르타고군을 격파하고 최후의 승리를 거머쥐게 되었다.

그 위대한 제국이었던 로마도 버티고 버티던 시절이 분명히 있었다. 로마제국도 그러할진대 우리도 인생의 위기에 봉착했을 때나, 삶의 방향을 잃어버렸을 때 어떻게 해야만 할까? 그냥 할 수 있는 것을 하면서 버티는 수밖에 없다.

앞으로 나아갈 방향도 정하지 않고, 지금 내가 하는 일들이 나의 미래에 도움이 될지 모르는 상황에서 그냥 버티는 것은 보이지 않는 어둠 속에서 길을 더듬어 나가는 것과 다를 바 없다. 갑자기 특별한 방안이 생각나서 위기를 돌파한다면 정말 좋은 일이다.

하지만 현실은 어떤가. 고민하는 와중에도 상황은 계속 악화된다. 그렇지만 어쩌겠는가? 삶을 멈출 수는 없지 않은가. 지금 직면하고 있는 역경에 굴복하여 자포자기한다면 다시 일어설 기회는 아예 사라지고 말 것이다.

　인생에는 상승 흐름과 하락 흐름이 공존한다. 지금 내가 인생의 하락 시기를 맞이하여 어려움을 겪고 있다면, 상승의 시기를 기다리면서 고난의 시간을 견뎌내야 한다. 위기상황에서 자신에게 가능한 일을 다시금 점검하고, 얼마 안 되지만 현재 자신이 할 수 있는 것을 하면서 버텨내는 수밖에 없다.

One More Point.

버리고 버린 로마가 패배에도 불구하고 결국 대제국의 길로 들어선 것처럼, 우리도 버리고 버리다 보면 위기극복을 넘어 새로운 발전의 계기를 분명히 만날 것이라고 생각해 본다. 그리고 반드시 인생 역전의 기회가 올 것이다!

61장

버티기 ④
일정 수준에 도달하는 법

최후의 승리는 인내하는 사람에게 돌아간다.
인내하는 데서 운명이 좌우되고 성공이 따르게 된다.
-나폴레옹

 자신의 가치를 높이기 위해 새로운 분야를 배우려는 사람들이 많다. 그런데 배움의 초기 단계에서 좀처럼 진도가 나가지 않는 느낌을 받는다. 무언가를 열심히 하고는 있는데 다람쥐 쳇바퀴 돌 듯 제자리에 머물거나 오히려 퇴보하는 경우도 종종 만날 수 있다.
 그리고 좋아하는 분야라서 가벼운 취미생활 정도로 여기고 비교적 쉬운 온라인 클래스를 들어보기도 하지만 '쉽다고 하는데 왜 이렇게 어려운 것인가?' 하면서 취미로든 진지한 공부로든 '이 분야가 나에게 맞는가?' 하는 근본적인 의심에 빠져든다.
 새로운 배움은 누구에게나 익숙하지 않다. 문제는 그 과정이 처음일수록 너무나도 힘들다는 데 있다. 굳게 마음을 먹고 시작했음에도 중도에 포기하게 만드는 주요 원인이 아닐까 싶다. 일반적인 취미생활이라면 큰 고민 없이 깔끔하게 포기하면 되지만, 생업과 연결이 되어 있다면 정말 큰 일이 아닐 수 없다.

학습곡선Learning Curve이라는 개념이 있다. 이 개념에 의하면 새로운 기술을 배울 때 처음에는 더디다가 어느 지점을 지나면 가속도가 붙고, 다시 더뎌진다. 그리고 처음에는 익숙하지 않아 많은 시간이 필요로 하지만 반복할수록 그 효과가 배가 된다. 이를 수리모형으로 표현한 것이 학습곡선이다.

그런데 학습곡선이 전문용어로 포장되어 있지만, 어디서인가 많이 들어본 이야기 같지 않은가? 어쩔 수 없이 버티다 보니 나도 모르게 일정 수준에 올라와 있더라는 이야기들을 많이 들어보았을 것이다.

신입사원이 처음 업무에 익숙하지 않아 어리바리한 바람에 주위의 비난을 온몸으로 받고 좌절한 나머지 회사를 그만둘까를 고민한다. 그런데 그만두자니 그동안 취직을 위해 학생 때부터 준비해 왔던 것들이 아깝기도 하고 또한 현재 실력으로는 다른 데 갈 곳도 마땅치 않다는 사실도 깨닫게 된다. '그래 조금만 더 버티다가 퇴사하자' 하고 하기 싫은 일을 꾸역꾸역 하게 되었다. 어쩔 수 없이 하루하루를 버티며 지겨운 업무를 반복하다 보니 어느 시점에 일머리가 트인다. 갑자기 실력이 늘어 주위에서 인정을 받는 상황이 발생한 것이다. 이제 신입은 차원이 다른 고민을 시작한다. '나 더 좋은 회사로 이직할 수 있지 않을까?'

신입사원의 예를 보면 새로움에 대한 익숙해짐은 버텨내는 과정이다. 버티기는 '일정한 수준에 오를 때까지 시행착오도 겪으며 전진하는 것을 의미한다. 일정 수준에 오르는 과정을 여러 의미로 설명이 가능하겠지만, 간단히 말하면 이렇다. '처음 시작할 때 버티고 버틴 후 한숨 한번 내쉬고, 다시금 내가 가진 수준과 도구를 가지고서 계속 꾸준히 전진하는 과정'이다. 일견 한숨이 나올 정도로 지루한 과정이기는 하지만 '배움에 있어 왕도가 없다'는 표현이 있듯이 자기계발의 길에 있어 힘들어도 어쩔 수 없이 버티면서 가야만 하는 과정이 분명히 수반되어야 한다는 사실도 부인할 수 없다.

'어떠한 어려움에도 끝까지 버티는 자가 승리한다'는 말을 자주 듣는다. 새로운 분야를 시작하거나 배우면서 성장은 더디고 시간만 낭비하는 것 같다. 설상가상으로 성과나 발전하는 모습이 안 보이니, 남들로부터 "너 지금 뭐 하는 것이냐?"라는 보이지 않는 폭력이 가해지기도 한다. 그럼에도 불구하고 포기하지 않고 꾹 참고서, 초기 숙성의 시간을 버텨낸다면 그다음부터는 무엇인가 물꼬가 트일 것이다.

One More Point.

버티다 보면 결국 "내가 이 분야 좀 아는데"로 대화를 시작할 날이 온다.

62장

버티기 ⑤
그래도 나아지는 법

—

"앞서 나간 생각을 가진 사람은 오래 살면 된다.
그러면 언젠가 나를 이해해 주는 세상이 와. 인생 버티는 거야 진짜."

-윤여정

'직장인 사춘기 증후군'이라는 말을 들어보았는가? 직장생활에 대한 회의감으로 인해 업무의 효율이 떨어지거나 일에 불만을 갖는 증상을 말하는데, 직장인 사춘기를 겪는 직장인들은 대부분 업무에 대한 스트레스가 극심해진다거나 출근을 하기가 싫어지고, 심한 경우에는 인생에 대한 회의감까지 느낀다고 한다.

꼭 직장인뿐만 아니라 누구든 삶의 회의감이 종종 밀려온다. 노력해도 이루어지지 않는 경제 수준·꿈·소망 등과 관련하여, 도저히 이룰 수 없다는 현실에 직면하면 그동안 자신이 해왔던 것에 대한 억울함과 앞으로 나갈 방향을 알 수 없다는 좌절감에 인생의 회의를 느낄 수가 있다. 소위 말하는 금수저의 경우는 해당 사항이 없을 수 있으나 대다수는 매우 강렬한 회의감에 몸살을 앓는다. '이렇게 열심히 해서

뭐하나.'

'이거 해서 내 삶에서 무엇이 바뀔까?' 하는 생각이 문득 들기 마련이다. 자기계발서를 보면 주인의식을 가지고 내가 있는 곳에서 맡은 일을 충실히 할 때 타인의 인정을 받을 뿐더러, 위로 올라갈 수 있는 발판이 생긴다고 이야기를 한다. 부인할 수 없는 진리이기는 하지만 실제 상황에서는 맡은 바 일을 열심히 한다고 해서 극적인 변화가 잘 생기지는 않는다.

프랑스의 수학자 블레즈 파스칼이 제시한 신을 믿는 것의 당위성을 증명한 철학/기독교 변증법인 '파스칼의 내기'의 내용이다. 신이 존재하지 않지만 신을 믿을 경우(신 없이 죽음이 끝이라고 하면) 잃을 것은 아무 것도 없다. 신이 존재하고 신을 믿으면, 다시 말해 옳은 선택을 했다면 영원한 행복을 얻게 된다. 반면 신이 존재하지 않는데 신을 믿지 않는다면(마찬가지로 죽음이 끝이라고 하면) 얻는 것이 하나도 없다. 하지만 신이 존재하는데 신을 믿지 않으면 지옥으로 떨어질 것이다.

이 내용을 변형해서 선택에 따른 결과가 어떻게 나오는지 살펴보았다. 실낱같은 희망을 가지고 뭐라도 해보는 경우와 '나는 안 될 거야' 하고 자포자기한 삶을 사는 경우에 따라 나타나는 사건의 확률이다.

약자가 실낱같은 희망을 가지고 뭐라도 해보는 경우에는 ①열심히 했는데 아무런 과실을 얻지 못하는 상황 ②다음 단계로 올라갈 수 있는 상황의 두 가지 갈림길을 만나게 된다. 현실에서는 ①열심히 했는데 아무런 과실을 얻지 못하는 경우를 만나는 확률이 높을 수 있겠지만, ②다음 단계로 올라갈 수 있는 확률도 유의미하게 존재한다.

그런데 반대로 삶을 개선하기 위한 노력을 배제하고 '이거 해서 뭐하나' 자포자기할 경우, 추후 ①인생에서 과실을 얻지 못할 확률이 100% 확정이다.

따라서 자포자기는 절대 하지 말아야 하며, 뭐라도 하려는 자세와 정신이 필요하다. 즉, 버티는 자세의 중요성이다.

One More Point.

삶은 잔인하기에 우리의 노력을 배신하고, 삶의 치열한 경주 끝에 아무것도 얻지 못하는 결과를 받아들여야 할 수도 있다. 그렇다 하더라도 안 하는 삶보다는 버티는 삶이 낫다. 일말의 희망이라도 있는 것이 아무것도 없는 것보다는 나으니까!

63장

미래를 바라보는 삶 ①
과거에 얽매이지 않는 법

실패자는 흔히 과거에는 잘 나갔다느니 하면서
현실로 돌아오지 못하고 과거에 머무는 경우가 많다.

-노만 V. 필

흔히 과거는 현재의 자신을 반영하는 거울이라고 한다. 과거의 행동과 결정들이 현재의 당신을 만들었다는 이야기다. 그렇기 때문에 과거를 잘 복기하는 것만으로도 현재를 지혜롭게 살아가는 방법을 알 수 있다. 즉, 과거를 반추하면서 실수들을 복기하고, 이를 기반으로 더 발전적인 방향을 설계할 수 있다는 조언이다.

그런데 사람이라는 존재는 과거의 실수를 반복하기 마련이다. 과거에서 배워야 한다는 사실을 알고, 실수를 반복하지 않겠다고 다짐하지만 행동은 딴판이다. 과거의 실수를 계속해서 반복한다는 의미다. 그리고 '내가 왜 그랬을까?' 하는 자책이 계속 이어진다.

옛날에 못 나갔든 잘나갔든 상관없이 과거에 치우쳐 괴로워하는 사람들이 많다. 과거에 잘되지 못했다고 생각하는 사람들은 과거를 보며, 잘못된 선택을 후회하는 경우가 많다. '내가 그런 선택을 하지 않았으면 지금 이렇지 않을 텐데' 하고 괴로워한다. 자신이 과거에 잘나갔다고 생각하는 사람일 경우에도 '내가 왕년에 한가닥했던 사람인데 지금 이런 취급을 받다니' 하고 과거의 영광을 그리워하며 괴로워한다.

지금까지의 우리는 과거를 후회하거나 그리워하면서, 지금 현재의 내 모습에 만족하지 못하는 경우가 많다. 그리고 과거와 현재의 내 모습을 고려했을 때 미래의 내가 어떤 모습일지 어렴풋이나마 예상된다. 그리고 그런 나의 미래가 두려워지기 시작한다. 무의식적으로 계속 과거에 매달려 있다 보니 현재뿐만 아니라 다가올 미래도 같이 지나간 과거에 묶어 놓는 중이다.

어차피 과거를 잊을 수 없고, 과거를 늘 회상하는 존재가 사람이라고 한다면, 아예 과거를 무시하고서 미래를 바라볼 필요가 있다. 우리는 과거의 고리를 끊어내고 현재도 보지 말고, 미래를 상상하고 기대해야 한다. 과거에 어떤 일이 발생했던 간에 한 번 지나간 시간은 돌아오지도 않고 바꿀 수도 없기에, 완전히 새로운 삶을 설계하기 위해서는 과거에 치우친 현재가 아닌 미래에 치우친 현재를 만들어야 한다.

마하트마 간디는 "미래는 현재 우리가 무엇을 하는가에 달려 있다"고 말한 바 있다. 현재 상황에서 미래에 대한 준비를 충실히 하는 것은 당연하다. 하지만 그 무엇보다도 과거에서 빠져나와 새로운 미래를 바라보는 자세가 우선되어야 한다. 미래를 바라볼 때 앞으로 하고 싶은 일에 대한 상상, 내 미래의 위치에 대한 고민, 앞으로 뭐하면서 살지 하는 걱정 등이 있을 수 있다. 그러나 이런 생각들이 과거나 현재의 모습들과 연계된다면 미래에 맞이할 결과도 지금과 그리 다르지 않을 것이다.

미래에도 과거에 실수했던 것처럼, 아니면 현재의 삶이 미래에도 이어지길 바라는가? 물론 현재의 삶에 만족하는 사람들도 있겠지만 대부분의 사람들은 더 나은 미래를 추구하며 살아간다.

One More Point.

과거에 얽매이지 말고 고개를 들어 미래를 바라보기를 바란다. 과거는 과거일 뿐인데, 이에 얽메여 미래에 만날 새로운 기회를 스스로 막는 결과를 초래하지 않기를 바란다.

64장

미래를 바라보는 삶 ②
현재를 사는 법

미래를 신뢰하지 마라, 죽은 과거는 묻어버려라,
그리고 살아있는 현재에 행동하라.

-롱펠로

만약 타임머신을 타고 과거로 돌아가 자신을 만난다면, 어떤 이야기를 하고 싶은가? 내 경우에는 일단 있는 돈 없는 돈 모두 끌어모아 강남의 아파트와 비트코인을 사라고 협박이라고 하겠다. 그리고 내가 하지 말았어야 하는 행동들이나 생각을 말해 주며 과거의 나의 잘못된 선택 때문에 현재의 내가 고생하고 있으니 잘못된 선택을 하지 말라는 이야기도 해주고 싶다.

그러면 만약 미래의 내가 현재의 나를 찾아온다면 무슨 이야기를 할까? 현재의 나의 올바른 행동과 선택으로 풍요로운 삶을 맞이하게 해주어서 감사하다고 할까? 아니면 인생을 왜 그따위로 살아서 미래의 나를 암울하게 했냐고 비난을 할까? 그런데 어떻게 보면 현재의 나는 과거의 나에게 이야기해 줄 말이 많지만 미래의 나는 현재의 나에게 해줄 말이 없을 것 같다. 왜냐하면 현재의 내가 무엇이든 행동을 해야만 미래가 발생하기 때문이다.

현재의 나 자신 앞에는 두 갈래 길이 있다. A라는 길은 과거의 선택을 후회하며 신세 한탄만 하고 부정적인 생각을 하며 가는 길이다. 반면, B라는 길은 과거를 반성하고 앞으로 해야 할 일을 계획하며 긍정적인 생각을 하며 가는 길이다. 아마 미래의 나는 현재의 나를 향해 B를 선택하라고 목이 터져라 외치고 있지만 그 외침이 현재의 내게 닿지 않기에 초조해 하며 나의 결정을 기다리고 있을지도 모른다. 현재의 내가 미래의 나에 대한 생사여탈권을 가지고 있다고 해도 과언이 아니다.

그리스 신화를 보면 운명의 3여신이 나온다. 과거를 의미하는 클로소, 현재를 의미하는 라키시스, 미래를 의미하는 아트로포스에 관한 이야기다. 이들은 인간의 생명을 주관하는 여신들로 클로소가 물레에서 운명이라는 이름의 천을 짜고, 라키시스가 그 천에 무늬를 새겨 삶을 만들고, 아트로포스가 거대한 가위로 그 천을 자름으로 삶을 끝낸다. 이 이야기에서 볼 수 있듯이 미래는 무엇을 창조하는 역할보다는 운명의 천을 자르는 수동적인 역할밖에 하지 못한다. 현재에서 운명의 천에 어떤 그림을 그리는가에 따라서 미래가 결정되는 것이다.

정해진 미래는 없다. 또한, 미래는 오늘 하는 내 행동의 결과물이다. 이를 다른 말로 하면 과거나 현재의 모습은 내가 관여할 수 없지만 미래의 방향은 주관할 수 있다는 이야기다. 즉, 미래의 내 모습은 지금부터 시작하는 나 자신의 의지와 행동으로 만들어 갈 수 있다는 것이다.

현재의 내가 힘들다고 미래의 나까지 함께 힘들어야 할 필요는 없다. 미래에 되고 싶은 모습이나 성취하고 싶은 목표가 있는가? 그러면 현재의 시간을 무의미하게 그냥 흘려보내는 대신 미래를 바라보며 내 행동들을 하나씩 수정해 나가야 한다.

One More Point.

미래의 나를 생각하며 현재 나의 삶을 점검하고, 올바른 선택과 행동을 하도록 노력해야 하며, 그리고 힘든 과정도 견뎌내야 한다. 이런 현재의 모습들이 하나씩 쌓여간다면 보이지 않던 미래가 내가 상상하던 바로 그 모습으로 나타날 것이라고 기대해 본다.

65장

미래를 바라보는 삶 ③
걱정을 줄이는 법

상상력은 실현 가능성의 씨앗을 심는 정원사.

-칼 세이건

현대사회의 구성원들은 다가올 미래 삶의 모습을 상상하는 것이 점점 부질없어진다는 생각에 빠져 있다. 특히 젊은 세대의 경우 '더 나은 미래'를 기대하지 않는 경향이 강해지고 있고, 언론기사 등에서도 연금고갈, 고령화, 국가성장동력 상실 등 미래에 대한 희망보다는 암울한 상황을 쏟아낸다.

램프증후군Lamp syndrome이라는 심리학 용어가 있다. 알라딘이 요술램프를 통해 램프의 지니를 불러내듯이 스스로 감당하기 어려운 걱정을 수시로 불러일으켜 걱정에서 헤어나오지 못하는 현상을 지칭한다. 램프증후군은 과잉 근심 즉, '사서 하는 불안'이라고 지칭되기도 하는데, 난해해진 사회구조가 미래에 대한 예측을 더욱 불투명하게 만들면서 점차 심화되는 추세다. 이런 상황이다 보니, 현대인들은 미래에 대한 걱정이 끊이질 않는다.

우리는 왜 미래를 걱정하는 것일까? 미래에 대해 부정적인 생각을 가지게 되는 주요 원인은 '직면하고 있는 현실에 대한 불만족' 때문이다. 현재 시점에서 되는 일이 없으니 '지금도 삶이 엉망인데 미래도 잘 될 리가 있겠는가?' 하고 희망을 놓는 것이다.

그럼에도 불구하고 미래의 나에게 '더 나은 삶'이 올 것이라고 기대해야 하고, '오늘이 어둡다고 내일도 어두울 이유는 없다'는 확신을 가져야 한다. 그렇게 하지 않는다면 현재의 암울한 상황은 우리의 걱정 그대로 미래로 이어지기 때문이다.

미래에 대한 두려움은 아마도 인간의 본성일 것이다. 아무리 미래에 대해 긍정적인 생각을 하더라도 찰나의 틈을 통해 부정적인 생각이 들어버리니 말이다. 미국의 심리학자 어니 젤린스키에 의하면, 사람이 하는 걱정의 4% 정도만 우리가 해결할 수 있는 일이고 나머지 96%는 그렇지 않다고 한다. 결국 걱정의 96%는 하나마나한 짓이라는 의미다.

이 내용을 조금 비틀어 보면 미래에 대한 부정적 생각의 96%는 일어나지 않는다고 볼 수 있다. 결국 우리는 미래에 일어나지도 않을 96%의 걱정 때문에 고통 가득한 현재를 살아가고 있는 것이다.

아무리 미래에 대한 두려움을 지우라고, 그리고 미래에 대한 희망을 가지라 해도 '앞날이 캄캄한데 무슨 희망인가?' 하는 반응이 당연히 나올 수 있다. 하지만 미래에 대한 희망이 없을 때 먼저 자신의 과거를 반추해 보기 바란다. 우선, 과거 우리에게는 수많은 고비가 있었지 않은가? 그런데 어찌되었던 간에 무수한 고비들을 이겨내고 현재 위치에 서 있다. 미래에도 삶의 길을 막는 고비가 당연히 나타나겠지만 과거에도 그러했듯 우리는 이겨내지 않겠는가? 그리고 과거를 되새겨보니 되는 일이 없었던 바닥 인생이었는가? 그러면 더 내려갈 곳이 없을 테니 미래에는 올라갈 일만 남지 않았는가? 미래에는 지금보다 나을 것이라는 자기기대를 항상 해야 한다.

프랑스의 약사이자 심리 치료사였던 에밀쿠에는 '나는 날마다 모든 면에서 점점 좋아진다' 등의 긍정적 암시를 자신에게 주면 상황도 긍정적으로 변화한다고 주장한 바 있다. 이와 마찬가지로 되는대로 '나의 미래는 날마다 더 좋아질 것이다' 하며 희망의 날들이 기다리고 있다고 자신을 세뇌시켜 보자.

☀ One More Point.

희망찬 미래를 실현시키고 싶다면 반드시 선행되어야 할 일이 하나 있다. 그것은 미래에 대한 기대가 걱정을 넘어서야 한다는 사실이다. 기대보다 걱정이 앞서간다면 희망의 태양은 떠오르지 않을 것이다.

66장

미래를 바라보는 삶 ④
털어버리는 법

절대 후회하지 마라. 좋았다면 추억이고, 나빴다면 경험이다.

-캐롤 터킹턴

    현대사회는 어떤 의미에서 비정하다. 특히 사람을 대하는 방법이 그러하다. 이를 우리는 '갑질'이라 표현한다. 힘 있는 자가 힘없는 자를 괴롭히는 모습, 심지어 '을의 갑질'이라 해서 을이 병에게 갑질하는 모습도 심심치 않게 볼 수 있다. 그리고 을이든 병이든 타인에게 통칭 '괴롭힘'을 당하는 사례가 계속 늘어만 가고 있다.

    약자인 우리는 괴롭힘을 당했다고 해서 이를 당장 상쇄할 만한 수단이나 힘을 가지고 있지 않다. 지금 당장은 괴로워도 견뎌내야만 한다. 이런 괴로웠던 기억들이 하나 둘씩 쌓여가면서 약자의 마음속에는 타인에 대한 분노와 원망, 자신에 대한 연민 등이 축적되게 된다. 그리고 이 축적된 감정들은 약자를 무너뜨리거나, 사회에 대한 과격한 행동으로 이어진다. 그리고 이러한 원망의 마음은 서로에게 괴롭힘을 주거나 당하는 마음으로 변질된다. 벗어날 수 없는 악의 수레바퀴가 사회를 병들게 만든다.

타인에게 당한 기억은 쉽게 잊히지 않는다. 물론 기억이야 희미해지겠지만, 관심이 덜해졌을 뿐 괴롭힘당했다는 사실 자체는 기억 속에 존재한다. 상대방이 내게 준 상처는 시간이 흘러도 때때로 기억 속에서 튀어나와 나를 괴롭힌다. 가해자는 그 사실을 잊었거나 자신이 그런 행동을 했다는 자체를 전혀 모를 수도 있지만, 괴로움을 당한 약자는 이를 두고두고 마음에 새긴다.

'훌훌 털어버린다'는 말이 있다. 마음속에 담고 있는 것, 가슴 속 깊이 담아두던 무언가를 말끔히 정리하는 또는 그만하는 것을 의미한다. 약자의 경우 괴로웠던 기억들이나 상황에 대해서 '훌훌 털어버려야' 한다. 훌훌 털어버리라는 말은 그냥 당한 것을 잊어버리라는 이야기가 아니다. 괴로웠던 기억에 보내는 관심을 줄여야 한다는 의미다. 그리고 다른 생산적인 방향으로 관심을 쏟으라는 것이다.

훌훌 털어버리라고 하는데 내가 다른 사람에게 받은 상처를 어디서 치유하나요? 하는 질문이 나올 수 있다. 해결책은 여러 가지다. '눈에는 눈 이에는 이'라고 대차게 한판 붙은 후 장렬하게 산화하는 방법, 힐링클래스 등에 등록하여 마음의 여유를 가지는 방법 등이다.

그러나 이 방법들은 근본적인 치유책은 되지 못한다. 삶을 개선하는 데에 큰 도움이 된다고 볼 수는 없기 때문이다.

훌훌 털어버린다고 할지라도 때때로 괴로웠던 기억들이 자신을 괴롭힐 것이다. 그럴 때마다 괴로운 기억을 차라리 '저 갑질했던 인간을 넘어서고야 말겠다!'는 내면의 각오에 불을 지피는 연료로 사용해 보기를 바란다.

명확한 해결책이 아닌 공자님 말씀 같은 허황된 이야기 같은가? 그럴 수 있다. 그러나 타인에게 당한 만큼의 대가를 돌려주는 것보다는 괴로움을 발판삼아 약자가 강자가 되어 예전에 자신을 괴롭혔던 사람들을 내려다보는 것! 이것이 약자의 진정한 복수가 아닐까.

One More Point.

떠나지 않는 강한 기억은 더 강한 의지력으로 덮어야 한다. 나쁜 기억이 떠오를 때마다 수수방관할 것이 아니라, 적극적으로 의지가 샘솟는 생각을 해야 한다. 수수방관하다 보면 그 생각에 매몰되어 빠져나오지 못할 지경에 이르고 만다.

[쉬어가는 이야기 ④]

삶의 불행을 보장하는 조언 (by 찰리멍거/가난한 찰리의 연감중에서)

〈믿을 수 없는 사람이 되라〉

신뢰할 수 없는 사람이 되라. 맡은 일을 충실히 수행하지 말라. 이 한 가지 습관만 터득하면 아무리 대단한 미덕을 지녔다 해도 사람의 모든 미덕을 합친 효과를 상쇄하고도 남을 것이다.

〈남에게서 배우지 말라〉

자신의 경험에서 얻을 수 있는 모든 교훈을 얻되, 산 자든 죽은 자든 다른 사람의 좋거나 나쁜 경험에서 얻는 간접적인 교훈을 최소화하라. 즉, 최대한 배움을 얻지 않는 것이 중요하다.

〈역경이 닥칠 때마다 좌절하고 포기하라〉

삶의 투쟁에서 첫 번째나 두 번째 또는 세 번째로 심하게 밀려났을 때 엎드린 채 그대로 있어라. 이 처방은 때가 되면 여러분이 영원히 불행에 빠지도록 보장해줄 것이다.

〈남의 말을 귀담아듣지 말라〉

아주 어렸을 때 들었던 어느 시골 사람에 대한 이야기를 무시하라. 유용한 메시지가 아닌 단순한 괴설이라고 폄하하는 것이다.

5부

타인의 힘을 얻는 방법

67장

겸손한 마음가짐 ①
지식을 얻는 출발점

당신의 혀에게 '나는 잘 모릅니다'라는 말을 열심히 가르쳐라.

-탈무드

배우려는 자세의 기본은 '나보다 뛰어난 사람은 어디에나 존재한다'는 마음가짐에 있다고 한다. 공자께서도 "세 사람이 함께 길을 가면 거기에는 반드시 나의 스승이 있다"고 말씀하신 바 있다. 상대방을 존중하고 언제나 배우려는 자세를 가지는 것이 지식습득의 기본적인 자세임은 굳이 강조할 필요조차 없다.

그렇지만 우리가 직면한 현실은 배우려는 자에게 매우 버겁다. 말로는 "더 근본적인 지식 그리고 삶의 깊이 있는 지혜를 늘 갈구하고 있고 항상 스승을 찾아다닌다"고 한다. 그런데 지식, 지혜에 대한 욕구가 있음에도 불구하고 겸허히 배우기보다는 자신의 작은 지식이라도 상대방에게 자랑하지 못해 안달하는 것이 현실이다.

멀리 갈 필요도 없이 우리가 늘 접속하는 포털사이트의 댓글만 보아도 알 수 있다. 어떤 이슈나 기사에 대한 댓글창을 보면 자신의 우월함을 과시하기 위해 용쟁호투가 펼쳐지는 모습을 볼 수 있다. '모지리들아 보아라' 하는 서두와 함께 내용을 설파하거나, 아니면 타인이 작성한 댓글에 대해 틀렸다고 비판하면서 자신의 지적 우위를 과시하는 내용들이 댓글창을 도배한다.

분명 도움이 되는 내용도 있지만, 댓글을 보며 지식을 얻는다기보다는 서로 간의 비방에 찜찜한 마음만을 가지고 댓글창을 닫게 되는 것이 일반적이다. 세상에는 왜 이렇게 잘난(잘난 척하는) 사람들이 많은 것일까?

마빈 토케이어가 저술(편저)한 《탈무드》의 내용 중 하나다.

하시디즘(헤브라이어의 하시드, 즉 '경건한' 자에서 유래한 것으로써 광의로는 유대 종교사에 나타난, 율법律法의 내면성을 존중하는 경건주의 운동)의 창시자 발 셈 토브는 모름지기 인간은 진리를 찾는 데 있어 겸허해야 한다고 역설한 바 있다. 발 셈 토브의 제자가 물었다. "선생님께서는 진리가 어디에나 존재한다고 하셨는데, 그렇다면 진리라는 것은 길바닥에서 흔히 볼 수 있는 돌멩이 같은 것입니까?" 발 셈 토브가 대답했다. "그러하다. 그래서 누구나 지식을 얻을 수 있다." 제자가 다시 물었다 "그런데 사람들은 왜 지식을 쉽게 얻지 못할까요?" 발 셈 토브가 말하였다. "진리라는 돌을 줍기 위해서는 먼저 허리를 굽히지 않으면 안 된다. 그런데 대부분의 사람들은 그 돌을 줍기 위해 허리를 굽히지 않기 때문이다."

우리는 지혜를 얻고 싶다고 하면서 정작 허리를 1도 굽히지 않는다.

허리를 굽히기는커녕 목을 뻣뻣이 세운다. 타인의 지혜를 바란다고 하면서 마음속에서는 '나를 인정해! 내가 많이 안다는 것을 인정해 줘!' 하는 외침만이 난무한다. 비록 남보다 지식이 많더라도 내가 많이 안다고 주장하는 한, 남들은 나의 지적 성취를 인정해 주지 않을 것이다. 또한 내가 겸손한 태도를 보이지 않는 한 나보다 뛰어난 사람의 지혜를 들을 기회도 전혀 얻지 못할 것이다.

지식 자랑은 잠시 내려놓아야 한다. 겸허한 마음으로 돌아가 나의 앎이 부족하다는 사실을 다시금 마음에 새기며 지식과 지혜를 구해야만 한다.

One More Point.

세상에는 배울 것이 많고, 풍부한 지식을 가진 지식 전달자도 만날 수 있다. 작은 자기 자랑이 큰 배움을 가리지 않게 해야 한다.

68장

겸손한 마음가짐 ②
자신감에 근거한 태도

지나치게 겸손한 사람을 진정으로 받아들여서는 안 된다.
특히 자기를 과신하는 자를 신용해서는 안 된다.
그런 사람의 배후에는 대개 허영심과 명예심의 강렬한 한 수가 감추어져 있다.
-힐티

흔히들 '겸손해야 한다!', '자신을 낮추어야 한다' 하면서 겸손의 중요성을 강조한다. 남보다 잘났다고 주장해야만 살아남는 현대사회에서 겸손의 중요성은 날로 높아져만 간다.

그런데 너무 겸손함을 강조하다 보니 겸손과 자기비하 사이에서 줄타기하는 경우를 종종 목격할 수 있다. 겸손과 자기비하에는 어떤 차이가 있을까?

자기비하나 겸손이나 자신의 능력이 남보다 못함을 깨닫는 것부터 시작하는 것은 같다. 그러나 자기비하는 상대방과 비교하여 '나는 안 되는구나' 하고 자신의 가치를 스스로 낮추는 경우를 의미한다. 그와 달리 겸손함은 상대방과 나의 차이를 인정하되 '한 수 배웠다!' 하거나 상대방과 자신의 갭을 메우기 위한 방안을 강구하려는 자세를 의미한다.

Tangney(2000, 2002) 연구를 보면 겸손의 핵심적 내용을 아래와 같이 제안하고 있다.
①겸손한 사람은 자신의 능력과 성취에 대해 정확히 이해한다.
②겸손의 중요한 요소는 자신의 실수, 불완전함, 한계를 인정하는 능력을 의미한다.
③겸손한 사람은 신규 아이디어, 대칭되는 정보, 타인의 충고에 대한 개방적 자세를 지닌다.
④겸손은 자신의 능력과 성취를 균형 있는 관점에서 바라보는 것이다.

위의 연구를 보며, 겸손이라는 것은 자신을 낮추는 것만이 아님을 알 수 있다. 겸손은 ①자기 자신에 대한 정확한 이해를 바탕으로 하여 ②내게 부족한 부분을 파악하고 ③부족함을 채우기 위해 여러 의견을 열린 마음으로 듣는 자세라고 정의할 수 있다.

겸손한 자세는 일부러 취하는 것이 아니다. 자신의 부족함을 알고 이를 보완하기 위한 마음이 자연스럽게 겸손한 태도로 연결되는 것이다.

자신을 낮추어서 상대방을 웃음 짓게 하는 사람들이 있다. "내가 능력이 없어서", "제가 좀 어리바리해서 그렇지요" 하는 등 자신을 항상 낮추어 이야기한다. 그런데 이런 자세를 가진 사람 치고 진짜로 능력이 없거나 일처리가 허술한 경우는 거의 없다. 그리고 사람들은 알아본다. 이런 사람이 은근히 자신에 대한 확신이 있고 자신감이 있다는 사실을.

반면 정말 자존감이 없고 능력이 부족한 사람들의 경우에는 자신을 낮추기보다는 자신의 부족함을 감추기 위해 더 아는 척을 하고 상대방을 비판하는 데 힘을 기울이는 경우가 대부분이다. 이때도 사람들은 알아본다. '이 사람은 껍데기만 화려할 뿐이군.'

자신을 내세우는 사람 앞에서는 "당신이 맞습니다~" 하고 말하지만, 뒤돌아서면 그 사람을 손절한다. 그렇다고 비판이나 손절이 두려워 겸손함으로 포장한 비굴함으로 상대방을 대한다면 그것은 그것대로 타인들의 비웃음만 사게 될 것이다.

지나친 공손함이 오히려 예의에 어긋나는 상황을 의미하는 과공비례過恭非禮라는 고사성어가 있다. 꼭 예의에 어긋나지는 않더라도 자신에 대한 믿음이 결여된 지나친 겸손함은 자기비하 그 이상도 그 이하도 아닐 것이다.

✸
One More Point.

자신감을 가지고, 자신의 성취에 감사한 마음을 가져라. '부족한 부분을 채워 나간다'는 자세로 겸손함을 유지할 필요가 있다.

69장

겸손한 마음가짐 ③
꼰대에서 벗어나는 법

―

윗자리에 있어도 교만하지 않으면 지위가 높아져도 위태롭지 아니하며,
도리어 타인의 존경을 받게 된다.

-소학

꼰대의 의미는 무엇일까? 위키백과에 따르면, 꼰대는 구태의연한 사고방식을 타인에게 강요하는 이른바 꼰대질을 하는 직장상사나 나이 많은 사람을 가리키는 말이다.

엠브레인 〈트렌드모니터〉 '2022 꼰대 관련 인식 조사'에서는 꼰대의 특징을 다음과 같이 설명한다.

꼰대의 대표적인 행동 특징은 말에 있다. "요즘 젊은 애들은(후배들은)"이라고 자주 말하거나, 누군가의 불평에 대해 "그래도 옛날에 비하면 나아졌다"고 답하거나, "내가 ~했을 때"라며 소위 '라떼는'이라는 표현을 사용한다면 꼰대로 판단된다. 대체로 꼰대는 자기가 틀린 것을 잘 인정하지 않고, 상대에 따라 태도가 달라지는 사람을 의미한다.

상기 조사결과를 보면서 자신의 주장만 옳다고 우기는 직장상사나

되지도 않는 이야기만 늘어놓는 일부 연장자들이 떠오를 것이다. 그러면 꼰대는 왜 생기는 것일까? 엠브레인 트렌드모니터의 조사결과를 추가로 인용하면, 사람들이 꼰대가 되는 이유는, 타인에 비해 우월해 보이고 싶은 마음 때문이라는 평가가 강하다고 한다.

매슬로우의 욕구 5단계 이론에 따르면 인간의 욕구는 ①생리적 욕구 ②안전의 욕구 ③애정과 공감의 욕구 ④존경의 욕구 ⑤자아실현의 욕구로 구성된다. 생리 및 안전의 욕구가 해결되고 나면(조금 살 만하다고 판단하면) 애정과 공감의 욕구 및 존경의 욕구에 집착하게 된다고 한다. 즉 타인이 나를 사랑해야 하고 나를 인정해야 한다는 욕구가 강해진다는 것이며, 이런 욕구들의 발현이 꼰대라는 모습으로 나타난다고 판단해 본다.

꼰대들을 보면 누구나 '나는 저 꼰대처럼 살지 말아야지' 하는 결심을 하고는 한다. 그런데 트렌드모니터의 연구에 따르면 전체 응답자의 과반이 '나도 언젠가 꼰대가 될 것 같다'고 응답했다고 한다.

누구나 타인에 비해 우월해지고 싶고 인정받고 싶은 욕망이 내면에 잠재되어 있다. 이는 사람인 이상 누구나 꼰대가 될 가능성을 내포하고 있다는 사실을 의미한다.

지적겸손Intellectual humility이라는 심리학 용어가 있다. 지적겸손은 다른 사람의 생각이 맞을 수도 있으며, 내가 아무리 뛰어나도 모든 것을 다 알고 있는 것은 아니라는 생각을 의미한다. 연구자들에 따르면 일반적으로 지적 겸손도가 높은 사람들은 그렇지 않은 사람들에 비해 성격 특성 중 원만성이 높고 이기적인 측면이 낮으며, 평등과 친절, 관대함 같은 가치를 더 중요하게 생각한다고 한다. 그리고 지적 겸손도가 높은 사람들은 그렇지 않은 사람들에 비해 사실 확인에 더 많은 노력을 기울이고, 자신과 다른 견해에도 많은 주의를 기울이는 경향을 보인다고 한다.

내가 알고 있어도 항상 겸손할 필요가 있다. 세상에는 나보다 뛰어난 고수가 널려 있으며, 어떤 이가 나보다 경험이 적고 나이가 어리다 할지라도, 어느 부분이나 어느 순간에서는 내 의견보다 뛰어난 의견을 낼 수 있다. 그리고 겸손한 마음으로 타인의 의견을 경청하는 자세를 가져야만 발전할 기회가 많아진다.

One More Point.

타인의 의견을 겸손하게 받아들이는 자세를 잃지 않는 한, 우리가 그토록 경멸하는 꼰대가 될 이유는 없다.

70장

겸손한 마음가짐 ④
사람의 마음을 얻는 법

―

사람들에게 좋은 평을 듣고 싶다면 자신의 우수한 점을 내세워 말하지 말라.

-파스칼

사회생활을 하면 할수록 만나는 사람의 수가 점차 늘어나고, 핸드폰에 저장된 연락처도 그에 비례하여 늘어난다. 우리는 수많은 사람들과 소통하며 하루하루를 바쁘게 살아가지만, 정작 마음을 나눌 수 있는 친구나 지인들은 그다지 떠오르지 않는다. 막상 어떤 문제에 대해 진솔한 상담을 받고 싶어 핸드폰 주소록을 뚫어져라 쳐다보지만, 쳐다만 보다가 끝나는 경우가 많다.

어릴 때나 학생 때는 친구나 지인을 만들기가 훨씬 쉽다. 어릴 때는 상대방의 배경과 능력을 고려하지 않고 그냥 상대방 자체가 마음에 들면 '친구'가 된다. 그러나 성장해서 어른이 되면 세상사는 원래 'GIVE & TAKE'라고 서로 주고받을 것이 있어야 사람 간 일종의 관계가 형성된다. 겉으로는 싱글벙글하면서 만나지만 속으로는 얻을 이익에 집중하는 관계로 진정한 관계 형성이 어려워진다. 뼈아픈 현실이 아닐 수 없다.

우리는 항상 진실하고 성실한 사람을 만나고 친교 맺기를 갈망하지만 그런 사람들을 만나는 경우는 극히 드물다. 세상이 하도 험악해진 관계로 사람들이 이기심으로 똘똘 뭉쳐있기 때문에 그런 것일까? 주변에 진실한 사람들이 많지 않다고 생각된다면 그것은 바로 나 자신의 보이지 않는 오만과 과시하고 싶어 하는 마음이 그 원인일 것이다. 상대방의 배경이나 재력보다 그 사람의 본질이 더 중요하다는 것은 말할 필요가 없는 사실이다. 본질이 훌륭한 사람을 만나려면 어떻게 해야 할까? 결국 나 자신을 낮춰야 한다는 근원적인 답변으로 돌아가게 된다.

삼국지에는 유명한 삼고초려 이야기가 있다. 삼고초려는 촉한의 유비가 융중에 기거하던 제갈량을 얻기 위해 몸소 제갈량의 초가집으로 세 번이나 찾아갔던 일화에서 유래했다. 여기서 중요한 것은 유비가 제갈량에게 먼저 숙였다는 점이다. 지금에 와서 삼국지의 영웅 중 한 명으로 제갈량을 추어올리지만, 그때 그 시점에서 제갈량은 그냥 선비였고 유비는 힘이 없다 해도 군주였다. 유비라는 군주가 자신을 내려놓고 겸손하게 제갈량을 대하니 이후 제갈량이 마음을 다해 유비에게 끝까지 충성을 다한 것이다.

유비가 제갈량을 얻기 위해 겸손을 다하였듯이 좋은 사람을 많이 만나고 마음을 열기 위해서는 먼저 나 자신이 좋은 사람이 되어야 한다는 도덕적인 원칙이 있다. 좋은 사람이 되기 위해서는 (조금 양보해서 좋은 사람처럼 보이기 위해서는) 겸손한 자세로 나보다는 상대방을 높여야 한다. 내가 스스로 낮추고 무엇을 얻고자 하는 이기심을 내려놓는다면 상대방도 마음을 열고 겸손함으로 나를 대하는 것이 인지상정일 것이다(간혹 아주 드물게 대우해 주고 배려해 주면 그것이 자신의 권리인 줄 아는 사람들이 존재한다. 이런 사람들은 가차 없이 손절해야 한다. 이들은 타인에 대한 고마움을 모르는 사람들이기 때문이다).

자신을 낮춰 상대방의 호의를 얻는 과정이 반복되면 나에 대한 주위의 평판이 올라갈 것이고, 더 좋은 사람들이 내 주위로 몰리는 선순환도 기대할 수 있을 것이다. 그런데 나를 낮춤으로써 사람을 얻는 과정은 단기간에 이루어지지 않는다. 한두 번 겸손한 모습을 보인다고 해서 사람들이 나에게 끌려오지 않는 것은 당연하다. 시간을 들여 꾸준히 나를 낮추고 상대방을 배려하는 모습을 보인다면, 시간이 걸릴지언정, 결국 내가 의지할 수 있고, 마음을 나눌 수 있는 진실되고 성실한 사람들을 만나게 될 것이다.

✺ One More Point.

기브앤테이크는 물질에만 있지 않다. 내 마음을 먼저 보여주면 상대도 마음을 연다. 진실한 사람을 만나고 싶다면 나 자신이 먼저 그런 사람이 되어야 하고, 타인에게 그 마음을 보여줘야 한다.

71장

베푸는 삶 ①
자신의 가치를 높이는 법

베풂은 기술이다. 그러므로 연습이 필요하다. 다른 사람과 나누지 않는다면
당신이 가진 물질적, 정서적 소유물은 아무런 소용이 없다.

-마크 샌번

사람들은 더 높은 연봉을 받기 위해, 더 높은 위치에 오르기 위해 자신의 가치를 높이는 일에 몰두한다. 가치를 높이기 위해 해야 하는 목록으로 독서, 지식 쌓기, 개방적인 마인드, 안주하지 않는 삶 등 다양한 방법이 제시되고 있다. 그에 더해 인적 네트워크의 중요성도 강조되는데, 그래야만 주변에 많은 사람들을 둘 수 있다.

인적 네트워크를 구축하려면 친밀한 관계를 형성해야 하는데, 사회생활을 하는 데 있어 같이하고 싶은 사람의 유형은 정해져 있다. 바로 '돈 많고 힘 있는 사람'이거나 '내가 하고 있는 일에 도움이 될 만한 사람' 정도로 압축할 수 있다. 즉 자신에게 이익이 되는 사람들과 관계를 맺고 싶은 것이다.

그런데 소위 잘나가는 사람 외에도 같이하고 싶은 사람의 유형이

존재한다. 이는 잘 베푸는 사람이다. 베푼다는 것은 단순히 가진 것을 나누는 것뿐만 아니라 친절과 배려 등 성품도 나누는 것을 의미하는데, 잘 베푸는 사람에 대해서는 '왠지 저 사람과 함께 하면 또 다른 의미의 이득을 얻을 것 같다' 하면서 호감이 가는 것이 인지상정이다.

누구나 남에게 받는 것을 좋아한다. 금전적인 부분뿐만 아니라 칭찬, 존중, 사랑 등의 긍정적인 관심이라도 받고 싶어 한다. 그리고 자신은 받고만 싶어 하면서도, '저 사람은 얻어먹기만 하지 자기가 낼 줄은 몰라' 하면서 베풀지 않는 사람들을 비난한다.

여기서 조금 다른 이야기를 하자면, 약간이라도 타인에 대한 배려가 없는 사람의 경우 아무리 그 사람이 부유하고 권력의 정점에 있는 사람이라 할지라도 관계를 가질 필요가 없다고 본다. 해당 유형의 경우 재력과 위치가 있으니 알아서 사람들이 주위로 모여들지만, 그 모여든 사람들을 이용만 하고 쓸모없어지면 바로 외면하는 행태를 보이는 경우가 많기 때문이다.

다시 본론으로 돌아와서, 나 자신을 가치 있는 사람으로 격상시키기 위해서는 무엇이 필요한지를 다시금 생각해 볼 필요가 있다. 상기의 이야기를 종합해 볼 때, 가치 있는 사람이란 '같이 있고 싶은 사람'이라고 정의할 수 있다. 특출한 능력과 배경으로 자신을 가치 있게 할 수도 있지만, 사람들이 인정하는 배경과 능력을 갖추는 것은 과정도 어렵고 시간도 오래 걸린다. 그렇기에 가치를 올리는 상대적으로 쉬운 수단으로 '베푸는 자세'에 관심을 가져야 한다.

《채근담》에 보면 '좁은 길을 갈 때는 한 걸음 멈추어 남을 먼저 가게 하고 맛있는 음식을 다른 사람과 나누며 함께 즐기는 것이 좋다. 이것이 세상을 살아가는 가장 편안한 방법 중의 한 가지다'라고 적혀 있다. 크고 작음에 상관없이 물질적으로 혹은 정신적으로 베푸는 자세를 가지면 주위에 같이하고 싶어 하는 사람들이 점차 늘어날 것이다. 인적 네트워크를 늘림으로써 내 가치를 상승시킨다는 개념이 특출난 의미이겠는가? 내 주위에 나와 함께하고 싶어 하는 사람이 늘어나는 현상이 바로 네트워크의 확장 아니겠는가? 그리고 같이하고자 하는 사람들을 통해 더 나은 기회를 만날지 누가 알겠는가?

❋ One More Point.

다만 베푸는 척하며 타인을 이용하는 사람들은 경계해야 한다. 호구가 되지 않는 지혜도 겸비해야만 하는 것이다.

72장

베푸는 삶 ②
건강하고 행복하게 사는 법

어떤 환자는 아무리 위험스러운 상황에 처했어도,
자기 육체의 선행을 통해 오는 만족감으로 인해 쉽게 건강을 회복한다.

-히포크라테스

    대한민국 한정 BTS도 한 수 접어준다는 인기가수 임영웅이 항상 팬(영웅시대)들을 향해 외치는 '건행하세요'라는 시그니처 포즈가 있다. 이 포즈에는 팬들이 '항상 건강하고 행복하시길 바라겠다'는 의미가 있다고 하는데, 꼭 임영웅의 응원을 받는 팬층이 아니라도 건강하고 행복하게 살 수 있는 방법이 있어 소개한다. 바로 '타인에게 베푸는 행동'이다.

    테레사 수녀가 세상을 떠난 이듬해인 1988년, 미국 하버드 의대 데이빗 맥클랜드 박사 연구팀은 면역항체와 관련하여 '마더 테레사 효과 The Mother Teresa Effect'라는 연구결과를 발표하였다. 연구에 따르면 사람의 침에는 면역항체 'IgA'가 들어 있는데, 근심이나 긴장상태가 지속되면 침이 말라 해당 항체가 줄어든다고 한다. 연구팀은 학생들에게 테레사 수녀의 일대기를 담은 영화를 보게 하고, 영화를 보기 전과 후의

학생들의 면역항체 수치를 비교하였다. 결과를 보니 학생 대부분의 면역항체가 영화를 본 후에 50% 정도 증가한 것을 발견했다고 한다. 즉, 마더 테레사의 헌신적인 삶을 보는 것만으로도 침에 있는 면역항체가 획기적으로 증가했다는 것이다.

또한 '헬퍼스 하이Helper's high'라는 용어도 존재한다. '헬퍼스 하이'는 미국의 내과의사 앨런 룩스Allan luks의 책인 《선행의 치유력》에 언급된 정신의학적 용어로 타인을 돕는 행동을 하면 느낄 수 있는 기쁨과 행복감을 일컫는다고 한다. 책에 언급된 연구에 따르면 봉사에 참여한 자원봉사자 95%가 봉사 후 신체적, 정신적 포만감을 경험했으며, 선행을 베푼 뒤 콜레스테롤과 혈압의 수치가 낮아지고, 엔도르핀이 평소의 3배 이상 증가한 것을 확인할 수 있었다.

아울러 추가적인 연구에 따르면 사람이 타인에게 이타적인 행동을 하면 대뇌 속 보상중추가 활성화되는데, 이는 사랑을 하거나, 맛있는 음식을 먹을 때 활성화되는 부위와 동일하다고 한다. 이 보상중추가 활성화될 경우 도파민, 세로토닌, 엔도르핀 등의 행복한 기분을 주관하는 호르몬이 분비되고, 이 호르몬들이 신경세포 말단에 있는 시냅스를 통해 흡수되면서 기분 좋은 만족감과 즐거움을 느끼게 된다는 것이다.

이외에도 타인에게 이타적인 행동을 했을 경우 우리 몸에 긍정적인 영향을 미친다는 사례를 쉽게 찾아볼 수 있다. 알코올 중독자의 치료확률은 평균 22%이지만, 알코올 중독자가 봉사활동을 병행할 경우 치료확률이 40%로 향상된 사례(미국 케이스웨스턴리저브 의과대학, 마리아 파가노 박사 연구팀, 2004)가 있었으며, 2003년 미시건 대학에서 5년에 걸쳐 423쌍의 장수 비결을 연구한 결과, 그들은 정기적으로 몸이 불편하거나 가족이 없는 사람들을 방문하여 봉사활동을 하고 있었다는 사례들이 있다.

건강하고 행복하게 사는 방법에는 여러 가지가 있을 수 있다. 돈 많이 벌고 사회적으로 높은 지위를 가져 건강을 누리면서 사는 행복도 있지만, 상기에서 언급한 내용처럼 타인에게 베풀기만 했을 뿐인데 반대급부로 내게 오는 건강과 행복도 있을 수 있다.

One More Point.

무엇이 더 나은지는 개인마다 차이가 있을 것이다. 하지만 타인에게 조금이나마 베푸는 것은 평범한 사람들도 바로 실행 가능하기에 베풂을 통해 얻을 수 있는 긍정적인 효과도 바로 확인할 수 있지 않을까 한다.

73장

베푸는 삶 ③
더 큰 이득을 얻는 법

남을 행복하게 하는 것은 향수를 뿌리는 것과 같다.
뿌릴 때는 자기에게도 몇 방울 정도는 묻기 때문이다.

-탈무드

설렁탕과 관련하여 전설처럼 회자되는 이야기가 있다. 설렁탕집에 한 종업원이 있었는데, 사장과 사이가 나쁘고, 처우도 맘에 들지 않아 '설렁탕집 망해라!' 하면서 평소에 탕에 넣는 고기를 두 배로 늘려 손님상에 내놓았다. 그랬더니 손님들의 호평이 이어지면서 오히려 해당 설렁탕집이 더욱 번창했다는 출처 불명의 이야기다.

비즈니스에서 베풀기(퍼주기)의 유용성은 이미 오래전에 검증된 바가 있다. 손님들이 '이렇게 팔아서 남는 게 있나?' 하는 감탄이 나오게 하는 식당은 무조건 대박집이 되고, 기대치도 않았던 서비스를 추가로 제공하는 기업은 고객들의 열광적인 지지를 얻는 실정이다. 사용자 수를 늘리기에 혈안이 된 인터넷 기업들도 베풀기 모델을 사용하고 있다. 웰컴 이벤트로 명명되는 무료 체험, 할인쿠폰, 적립금 등 원가 이

하의 서비스를 제공하여 신규 이용자들을 모으는 데 총력을 기울인다.

비즈니스에서 기업의 베풀기는 초기 소비자들의 호감을 얻을 수 있는 효과적인 수단이다. 소비자들의 호감을 바탕으로 해당 기업의 서비스를 지속적으로 이용하게 유도하거나, 늘어난 이용자를 기반으로 또 다른 비즈니스 모델을 구축하는 등의 긍정적인 효과를 기대하게 된다. 즉, 기업의 베풀기는 초기에는 손해를 볼지라도 추후에는 결국 이익인 방안이다.

베풀기의 중요성은 비즈니스뿐만 아니라 우리 삶에서도 강조된다. 사람과 사람 사이의 관계는 기브앤테이크Give and Take로 요약되는데, 서로 간에 주고받는 것이 균형을 이루어야 그에 따라 관계도 유지될 수 있다. 그런데 기브앤테이크라고 하면서도 우리의 경우, 상대방이 하는 것을 보고, 내게 이득이 될 때만 그에 상응하는 대응을 하는 것이 일반적이다. 우리는 상대방이 '내게 무엇을 줄까?'만을 기다리고 있다. 하지만 인간적으로 상대방이 그렇게 쉽게 가진 것을 내놓겠는가? 그러다 보면 변화 없이 반복되는 하루하루만 흐를 뿐이다.

삶에서 베푼다는 것은 어떤 형태로든 '먼저 손해를 보는 것'을 의미한다. 어떻게 보면 나의 손해는 상대방의 이익으로 치환되는 경우가 많을 것이다. 그리고 타인에게 베푸는 것이 계속 이어지면 상대방에게 '이 사람과 함께하면 반드시 이익을 본다'는 이미지를 심어주게 된다. 그때부터 상황이 변하기 시작한다. 타인을 대상으로 일을 추진하거나 관계를 만들어나갈 때 아주 어려운 부탁이 아닌 한 상대방이 거절할 수 없는 상황이 만들어지고, 상대방이 나서서 새로운 기회를 연결시켜 주는 이벤트가 열리기도 한다. 즉, 먼저 베풂을 통해 손해를 보는 것이 아닌 오히려 상대방에게서 이득을 얻는 판이 깔리는 것이다.

단기적 이익의 측면에서는 '상대방이 내게 해준 만큼만 대응한다'는 자세가 합리적일 수 있다. 하지만 장기적 이익의 측면에서는 내가 먼저 베푼다는 마음가짐을 가져야만 할 것이다.

One More Point.

내가 베푼 것은 반드시 상대방의 보답으로 되돌아온다. 수익률 측면에서도 시간이 좀 걸려서 그렇지, 그동안 베풂을 통해 발생했던 손해를 메우고도 남을 상황이 계속 펼쳐질 수 있다. 계산기를 두드리지 않을수록 이익이 많아진다.

74장
베푸는 삶 ④
인생의 보험을 드는 법

상대에게 은혜를 베풀면 혀끝의 독도 감사로 변한다.
-발타자르 그라시안

생명에 관계되거나 살면서 생기는 각종 손해에 대한 보장으로써 보험에 가입한다. 보험은 이뿐만 아니라 자신을 위한 자기계발, 투자를 위한 종잣돈 모으기, 네트워크 만들기 등 미래에 생길 불확실한 상황에 대비하기 위한 행위로도 해석할 수 있다. 미래의 불확실성을 제거하기 위해 드는 보험은 여러 가지 종류가 있겠지만 인생에 대한 보험을 들어야 할 때도 있다. 인간관계에 대한 보험은 바로 '타인에게 덕을 베푸는 것'이다.

'풀을 묶어 은혜를 갚는다'는 뜻을 가진 고사성어 결초보은結草報恩의 이야기다.

춘추좌씨전春秋左氏傳에 의하면 진晉나라 때에 위무자라는 대신이 살았다고 한다. 그에게는 젊은 첩이 있었는데, 위무자는 아들 위과에게 가끔 이렇게 말하였다. "내가 첩보다 먼저 죽는다면 친정으로 돌려보내 재혼시켜라." 그러던 중 위무자가 죽을 때가 되자 말을 완전히 바꿔 "첩을 내 무덤에 합장하라"라는 유언을 남기고 세상을 떠났다. 그러나 아들 위과는 아버지가 정신이 온전했을 때 남긴 유언을 따르기로 하여 첩을 친정으로 돌려보내 재혼시켰다.

훗날 위과가 전쟁에 나가 싸우다가 적군에 몰려 후퇴할 상황에 이르렀다. 그런데 한 노인이 적군 기병이 오는 길목에 무성하게 자란 풀들을 묶고 있지 않은가? 조금 뒤 달려온 적장의 말이 갑자기 풀에 걸려 넘어지는 바람에 위과는 적장을 잡아 큰 공을 세웠다. 그날 밤 위과의 꿈에 한 노인이 나타났는데 그는 이미 세상을 떠난 첩의 친정 아버지였다. 노인은 위과에게 본인의 딸을 살려서 친정으로 돌려보낸 것에 감사해 은혜를 갚기 위해 풀을 묶었다고 말했다.

누구나 인생의 위기를 만나게 되는데, 이 위기는 내가 가진 것만으로 헤쳐나갈 수 없는 경우가 많다. 주위의 도움이 있어야만 해결할 수 있는 문제를 만나는 것이다. 우리는 흔히 눈앞에 이익에만 몰두하고는 한다. 그리고 눈앞에 보이는 이익이 내가 얻을 수 있는 전부처럼 행동하기에 타인에 대해서 시선을 돌리지 않는 것이 일반적이다.

그러나 '덕을 베푼다'는 말이 있다. 내 앞에 있는 사람이 당장은 내게 도움이 안 되어 보일지라도, 혹은 나보다 힘이 없어 보일지라도 내가 할 수 있는 범위 내에서 마음을 써주고, 도움을 주려고 노력해 보자. '사람 일은 모른다'는 표현처럼 현재 힘이 없어 보이는 사람이 나중에 유명인이 되어 나의 어려움을 해결해 주고, 당장 내게 도움이 안 되던 사람이 나중에 만나서 중요한 문제해결의 실마리를 줄 수도 있다.

'호의가 계속되면 권리인 줄 안다'는 유명한 영화의 대사처럼 베풀어도 당연한 것으로 인식하는 일부 사람들도 있겠지만 대부분은 도움을 준 사람을 잊지 않으며, 한번 신세를 지면 받은 것을 갚기 위해 노력한다. 꼭 물질적이거나 도움 받은 방법 그대로 보답하지 못할지라도 마음으로나마 베풀어준 사람이 잘되기를 기원하는 것이 인지상정이다.

덕을 베푸는 것은 현실적으로 마음이 넉넉해야만 할 수 있는 행동이다. 그러나 현재의 우리들은 마음이 각박하여 쉽사리 타인들 돕거나 베푼다는 생각을 잘 하지 못한다. 이런 경우, 내 미래에 대한 보험을 든다는 이기적인(?) 생각으로라도 타인에게 친절히 대하고 베풀도록 노력해 보자.

✺ One More Point.

실제 사고가 발생하면 보험을 통해 보험금을 지급받는 것처럼, 내가 작게나마 베풀었던 것들이 더 큰 보답으로 돌아올 것이다.

75장

상대방의 입장에서 생각하기 ①
자신의 오류를 방지하는 법

―

자기의 사고방식이나 행동양식을 남들에게도 따르라고 강요하는 것은
우리 인간이 극복해야 할 결점이다.

-키케로

    황금률黃金律이라는 개념이 있다. 수많은 종교와 도덕, 철학에서 볼 수 있는 원칙의 하나로, '다른 사람이 해주었으면 하는 행위를 하라'는 윤리원칙을 의미한다. 공자는 '자기가 하고 싶은 것이 아니면 다른 사람에게 시키지 말라'고 말했고, 기독교의 산상수훈에서도 '그러므로 무엇이든지 남에게 대접을 받고자 하는 대로 너희도 남을 대접하라. 이것이 율법이요. 선지자니라' 하면서 황금률을 강조한다.

    황금률이라는 시대를 초월한 진리가 존재하는데도, 사람은 남의 입장 따위는 아랑곳하지 않고 내가 편한 대로, 내 마음 가는 대로 행동하는 것이 현실이다. 나 자신이 절대 선이고, 나 자신의 권리는 타인으로부터 절대로 보호받아야 한다며 말이다.

    상대방의 입장에서 생각하지 않고 자신의 입장만 주장하는 것에 대

한 수많은 명언들을 쉽게 만날 수 있다. '내가 하면 로맨스, 남이 하면 불륜', '남이 자식을 관대하게 키우면 문제아를 만드는 것이고, 내가 자식을 관대하게 키우면 기를 살려 주는 것이다.' '며느리는 남편에게 쥐여살아야 하고, 딸은 남편을 휘어잡고 살아야 한다,' '우리 개는 안 물어요!'(나도 멍멍이를 무척 좋아하지만, 덩치가 산만 한 맹견이 입마개도 하지 않고 돌아다니는 것을 보면 무서울 때가 있고 자동적으로 그 맹견의 주인을 노려보기도 한다) 등 사례를 찾기는 어렵지 않다.

남에게 도움은 못 줄망정 최소한 남에게 피해는 주지 말아야 하는 것이 사회의 암묵적인 규칙이다. 그런데 상대방의 입장을 생각하지 않은 행동에서 발생하는 여러 사건사고, 예를 들어 목줄 풀린 개가 사람을 크게 상하게 하거나, 당사자끼리는 사랑한다지만 한 가정을 파괴하는 불륜, 남의 소유물을 함부로 사용하고 방치하는 상황 등을 사람들이 그토록 맹비난하는 데는 다 이유가 있다.

상기의 상황들에도 불구하고 나도 모르게 타인에게 피해를 주는 행동을 하는 경우가 많다. 나는 내 기준에서 편하게 행동하고 말했는데 상대방이 불편을 느끼는 경우를 생각해 보자. 타인을 불편하게 하는 언사나 행동은 나 자신만의 기준에서 '이 정도는 괜찮아!' 하는 데에서 초래된다고 본다. '나는 괜찮은데 상대방이 안 괜찮은 경우', 여기서 모든 문제가 발생한다.

알다시피 사람마다 주관이나 기준이 백인백색이기에 상황에 따라 어떤 경우는 맞고 어떤 경우는 맞지 않다. 따라서 상대방에게 손해를 끼치지 않는 행동에 대한 기준을 정하기가 매우 까다롭고 어렵다. 다만 어떤 행동을 할 때 직전에 잠깐 멈춰 '내가 상대방의 입장이라면 어떤 기분이 들까?' 하는 생각을 할 필요가 있다.

이 잠깐의 멈춤을 통해 '나는 이렇게 해도 된다!'가 아닌 '내가 이렇게 해도 될까? 상대방이 나에게 이렇게 하면 나는 이를 수용할 것인가?' 등의 질문을 자신에게 던져보자. 질문에 대한 답변이 '나에게는 좋은 것이지만 남에게 안 좋을 수 있다'라는 답변이 나온다면, 그 행동을 멈춰야 할 것이다. 조금 번거로울 수도 있지만 이런 생각의 과정을 거친다면 적어도 자신의 입장을 강조함으로써 초래되는 수많은 행동 오류를 방지할 수 있으리라 판단한다.

One More Point.

도덕적인 삶에 무슨 고상한 의미나 방법론이 있겠는가? 타인의 입장에서 생각해 보고 상대방이 싫어하는 일을 하지 않는 것이 도덕인 삶이며 예의범절이다.

76장

상대방의 입장에서 생각하기 ②
소통을 잘하는 법

그들이 우리를 다르게 대접해 주기를 바란다면, 우리가 먼저 변해야 한다.

-앤드류 매튜스

    독불장군으로 살아가는 것이 불가능한 시대에서 소통은 사람과 사람 사이에서나 조직 내 구성원 사이에서나 반드시 필요한 도구다. 그러나 소통의 중요성을 강조함에도 불구하고 현대사회는 '불통의 시대'라고 명명될 만큼 상호 간의 원활한 소통은 진작 물 건너간 상황으로 보인다.

    원활한 소통을 위한 방법으로 소개되는 방안들이 있다. ①칭찬을 아끼지 말라 ②상대방의 의견을 존중하라 ③상대방의 눈을 봐라 ④경청하라 ⑤칭찬을 아끼지 말라 ⑥공감을 표시해라 등 상대방과의 라포 Rapport(사람과 사람 사이에 생기는 상호 신뢰 관계)를 형성하는 것이 상대방과의 소통을 원활하게 하는 기법이라고 한다. 열거된 방안들이 모두 소통에 도움이 되는 방법들이 분명하지만 빠진 게 있다. 그것은 '상대방에 대한 이해'이다.

그렇지만 상대방을 이해하려고 할지라도 우선 '저 사람은 일반적인 상황에서 왜 저렇게 행동하는 것일까? 도대체 모르겠다!' 하는 의문점이 생긴다. 저 사람의 생각과 행동이 내 마음에 들지 않는데 무슨 소통이고 나발이고 가능할 리가 있겠는가? 우리는 성인이고 머리가 굳은지라 이미 자신만의 기준과 생각이 확고하다. 이런 상황에서 내가 알 수 없는 행동을 반복하는 상대를 어떻게 이해할 것이며, 상대방을 이해 못하는데 발전적인 소통이 이어질 리가 있겠는가?

아프가니스탄에서 실제로 일어난 일이라고 한다[미국의 영화 〈위스키 탱고 폭스트롯〉에서도 소개된 내용이라고 한다]. 아프가니스탄에 주둔한 미군 해병대가 어떤 마을에 우물을 파서 지역주민들에게 식수를 제공하려 하였다. 먼 강가에서 오랜 시간을 걸어 물을 길어와야 하는 마을 여인들을 배려하기 위한 것이기도 하였다. 그런데 해병들이 애써 만든 우물은 며칠이 지나지 않아 파괴되고 말았다. 다시금 미군이 우물을 재건하였으나 그 우물은 여지없이 파괴되거나 메워졌다. 처음에 미군은 이를 탈레반의 소행이라 생각하고 경계를 강화했으나 우물은 계속 파괴되었다.

시간이 지나 우물 파괴의 진실이 드러났다. 범인은 바로 해당 마을의 여인들이었다. 마을 여인들을 불쌍히 여겨 만든 우물을 도움을 받는 당사자인 여인들이 파괴하였다니? 이는 상식적으로 이해할 수 있는 사항이 아니었다. 그러나 먼 강가까지 가서 물을 길어오는 것은 마을 여인들에게는 노동이 아닌 일종의 휴식이었다. 여인들에게 그 시간은 서로의 안부를 물으며 전쟁의 공포에서 잠시 벗어나는 시간이었고, 폭압적인 남성 중심의 사회에서 벗어나는 안식처였던 것이다.

맹자孟子 이루離婁에 나오는 '역지즉개연易地則皆然'에서 유래한 '역지사지易地思之'라는 사자성어가 있다. 상대편의 처지나 입장에서 먼저 생각하고 이해하라는 뜻이다. 처지나 경우를 바꾼다 해도 하는 것이 서로 같다는 말이기도 하다. 소통을 잘하는 데 있어 가장 근본적인 접근법은 상대방에 대한 이해가 아닐까. 상대방의 이해할 수 없는 행동에는 그 사람이 그렇게 행동하게끔 만드는 원인이 있을 것이다. 그리고 만약에 우리가 상대방의 입장에서 같은 문제를 겪어본다면 우리가 이해할 수 없었던 바로 그 행동을 우리가 똑같이 하고 있을지도 모른다.

✹ One More Point.

상대방 입장에서 생각한다 해도 여전히 그 사람의 이상한 행동이 전적으로 이해가 되지는 않을 것이다. 그러나 적어도 타인과의 심리적 거리를 조금이나마 좁히는 데 도움이 되리라 생각해 본다.

77장

상대방의 입장에서 생각하기 ③
기회를 얻는 법

―

혼자 힘으로 백만장자가 된 사람은 없다.
주위의 재원, 인맥을 끌어들이지 않으면 안 되는 것이다.
-스티븐 스코트

 이직이나 취직을 고려할 때, 가고자 하는 기업을 대상으로 자신의 역량과 강점을 최대한 드러내려고 노력하게 된다(종종 자신의 역량을 과대포장 할 때도 있는데, 원래 이직이나 취업 시장에서 보유한 역량보다 과장하여 선전하는 것이 일반적인 상황이기는 하다). 그런데 어떤 이는 분명히 자타가 공인하는 능력을 보유했음에도 취직 등에서 원하는 결과를 얻지 못하는 경우가 있다. 여기서 중요한 사항은 나의 강점이 아니라 내가 원하는 것을 보유하고 있는 주체가 무엇을 선호하는지 파악할 필요가 있다는 것이다.
 어느 취업 준비생의 자기소개서 예시를 보자. 다 그런 것은 아니지만 일반적으로 자기소개서(자소서)의 경우, '성실하고 자애로우신 부모님의 사랑을 받으며 자라'라는 정적적인 문구로 시작한다. 그리고 '나는 ○○ 역량을 가진 인재이기 때문에 당신네 회사가 나를 뽑아야 한다'는 내용이 주를 이룬다. 그런데 이런 식의 자기소개서는 회사 담당자의 이목을 끌기에 역부족이다. 수많은 출중한 인재들이 지원서를 내는데 훌륭한 부모님과 특출난 능력 하나 없는 경우가 얼마나 있겠는가?

정답은 아니지만 취업의 확률을 높여줄 자기소개서 작성 기법은 다음과 같다. 우선 지원하고자 하는 회사의 특징과 사업 면면을 살펴본다. 그러고 나서 해당 회사 담당자라면 어떤 능력을 보유한 사람을 뽑고 싶을까? 하는 담당자의 입장에서 생각하면서 자기소개서 등의 내용을 작성하는 것이다.

'귀사에서는 XX한 부분의 사업들을 운영하는데 나의 ○○ 경험과 △△ 경력과 ◇◇ 능력이 귀사에서 중점적으로 추진하는 ■■ 사업영역과 맞아떨어진다고 판단하며, 제가 보유한 능력과 경험들이 귀사의 발전에 도움이 된다고 판단합니다.'

이렇게 해야 부모님을 언급하는 것보다 회사 담당자의 눈길을 끌 확률이 높다.

상기의 자기소개서 예시가 사회 경험이 부족한 취업 준비생만의 문제는 아닐 것이다. 원하는 기업으로의 이직을 희망하거나 다른 더 좋은 기회로 도전할 때, 내가 가진 강점만 부각할 뿐 상대방의 입장은 전혀 생각하지 않는 경우가 비일비재하다. 상대방이 원하는 역량이 분명히 있을 것인데, 그것을 감안하지 않고 내가 하고 싶은 이야기만 늘어놓다가 기회를 얻지 못하는 경우가 많다. 그리고 기회를 놓치고 나서는 나를 알아봐 주지 못한 상대방을 비난하고는 한다. 나를 알아봐 주지 못한 상대방의 잘못일까? 아니면 상대방을 파악하지 못하고 내 기준만을 주장한 나의 잘못일까?

　손바닥 하나로 소리를 내지 못한다는 뜻을 가진 고장난명孤掌難鳴이라는 사자성어가 있다. 손뼉이 울리기 위해서는 두 손바닥이 마주쳐야 하듯이 혼자서는 어떤 일을 이루기 어려움을 비유할 때 쓰는 말인데, 이를 약간 비틀어 보고자 한다. 상대방과 내가 원하는 바가 일치해야 손뼉소리가 난다. 나 혼자만의 생각으로 아무리 손바닥을 휘둘러 보았자 소리가 나지 않는다. 상대방의 입장에서 생각하고, 상대방이 원하는 바를 실어 손바닥을 휘둘러야만 상대방도 손바닥을 내밀 것이고 결국 원하는 소리가 나올 것이다.

✹ One More Point.

나의 능력이 뛰어나다고 언제나 사회의 쓰임을 받는 것이 아니다. 상대방의 입장에서 생각해 보면 '상대방이 무엇을 원하는가?'에 대한 힌트를 얻을 수 있다. 그다음 상대방이 원하는 바에 맞추어 내가 가진 능력을 풀어낸다면 내가 원하는 기회를 얻기가 더욱 수월해지리라 판단해 본다.

78장

상대방의 입장에서 생각하기 ④
타인을 설득하는 법

인간은 서로를 위하여 태어났다.
그러므로 상대를 교도(敎導)하든지 그렇지 않으면 견뎌야 한다.
-아우렐리우스

    우리가 살아가는 이 사회는 한시도 쉬지 않고 여기저기에서 서로 다른 의견이 부딪히는 현장이다. 거대한 통념 따위는 아랑곳하지 않고 각자의 의견을 거침없이 쏟아내고 그 의견이 맞음을 증명하기 위해 수단과 방법을 가리지 않는 시대에 살고 있다. 상황이 이렇다 보니 어떤 일을 해내거나 어떤 의도를 관철시키기 위해서는 나와 생각이 다른 사람들을 설득해야만 하는 상황이 필수적으로 따라온다.
    위키백과에 따르면 설득이란 자신에게 동조하지 않거나 자신과 반대되는 의견을 가진 상대에게 자신의 의견에 동의할 수 있도록 알아듣게 여러 가지 방면으로 깨우쳐 말하는 행위라고 정의하고 있다. 그리고 설득의 기법이라고 여러 가지 조언들이 있는데 '근거를 많이 준비한다', '상대방의 이야기를 잘 들어야 한다', '상대방과의 관계를 잘 가져야 한다' 등이다.

그런데 막상 실제 설득에 있어서 온갖 정확한 자료를 제시하거나, 상대방의 이야기를 경청해 보아도 진전이 없다. 노력에도 불구하고 결국 상대방은 "그건 네 생각이고~, 내 생각은 이래!" 하며 무위로 돌아가기 일쑤다.

설득이 실패하는 원인에는 여러 가지가 있겠지만 가장 중요한 사항은 '내 생각을 내려놓지 못하기 때문'이다. 무의식적으로 내 생각이 절대로 옳으니까 상대방은 반드시 따라야 한다는 기본자세가 상대방을 설득하는 데 있어 커다란 걸림돌이 되는 경우가 대부분이다. 결국 설득을 위해서는 어쩔 수 없이 상대방의 입장에서 생각해 봐야 한다는 원점으로 돌아갈 수밖에 없다.

매일경제 〈비즈타임스〉에서 모리 타헤리포어 펜실베이니아대 와튼스쿨 협상학 교수와 진행했던 인터뷰 내용을 인용하여 공유해 본다.

모리 타헤리포어 교수가 21세일 때 그가 맡은 업무 중 하나는 주사제 마약, 매춘 등에 노출된 사람들에게 HIV의 위험성을 알린 후, HIV 검사를 받으라고 설득하는 일이었다고 한다. 그렇지만 당연히 설득은 쉽지 않았다. 타헤리포어 교수가 만난 한 10대 소년은 콘돔을 쓰지 않으면 HIV에 감염될 위험이 높다는 내용을 납득하지 못하며, 교수에게 "HIV 양성 판정을 받으면 얼마나 살 수 있는가?"를 물었다. 타헤리포어 교수는 "HIV에 감염된 후 적절한 치료를 받지 않으면 약 5년에서 10년 뒤 에이즈가 발병하고 치료의 가능성이 없다"며 죽음의 위험을 알렸다. 하지만 소년은 오히려 "우리 동네에서는 당장 내일 총 맞아 죽을 수 있는데 굉장히 오래 사는 거네요"라고 답했다고 한다. 이때 타헤리포어 교수는 상대방 입장을 진심으로 이해하기 전까지는 개인을 설득할 수 없음을 뼈저리게 깨달았다고 한다.

중국 전국시대 한비 등이 쓴 책으로 법가사상을 집대성한 한비자의 《세난편說難篇》에는 설득의 어려움을 다음과 같이 이야기하고 있다.

'대체로 유세遊說의 어려움이란 나의 지식으로 상대방을 설득하기가 어려운 것이 아니다. 또한 나의 변설辨說로 상대방에게 나의 의사를 철저히 하거나 자기가 말할 바를 종횡무진으로 다 말하기가 어려운 것도 아니다. 대체로 유세의 어려움이란 상대방의 심정을 통찰하고 상대방의 심정에 내가 말하고자 한 것을 잘 끼워 맞추는 일이 어려운 것이다.'

설득은 어떻게 보면 WIN-WIN 게임의 다른 모습일 수도 있다. 타인의 이익을 해치지 않으면서 내가 의도한 바를 관철해야 하기 때문에 그 어느 사회적 대화보다 난도가 높다. 그러나 결국 설득이란 상대방의 입장에서 생각한 후 그를 이해한 다음에, 상대방의 입장에 맞도록 내 의견을 적용하는 것이지 내 의견을 강요하거나 따르게 함이 아니다.

※ **One More Point.**

상대방의 입장에서 생각하고, 그리고 상대방의 입장에 맞추어 설득하다 보면 일의 결과가 원래 내가 의도했던 방향에서 조금 벗어날 수도 있는 것이 사실이다. 하지만 내가 조금 손해를 보더라도 전체적인 관점에서 타인을 설득하여 일이 진행되게 한다면 그 자체가 커다란 이익이 아닐까 하는 생각을 해본다.

79장

가식적인 삶 ①
있어 보이는 법

인간은 서로 속이는 일이 없다면 사회생활을 계속할 수 없다.

-라 로슈푸코

　예전 유니세프에서 만든 동영상이 화제가 된 적이 있다. 유니세프가 가난한 어린이들이 받는 차별 실태를 보여주기 위한 실험 영상을 공개한 내용인데, 6살짜리 여자아이가 깨끗한 옷을 입었을 때와 허름한 옷을 입었을 때, 사람들의 반응을 보여준 영상이었다. 영상의 내용은 다음과 같다.

　6살짜리 여자아이에게 깨끗한 옷을 입혀 혼자 길에 서 있게 했다. 그러자 곧바로 길을 지나던 사람들이 하나둘씩 아이에게 친절하게 다가와 말을 걸기 시작했고, 그들 중 몇몇은 아이와 눈높이를 맞추려고 쪼그려 앉기까지 했다. 이후 같은 여자아이의 얼굴을 지저분하게 꾸미고, 허름한 옷을 입혀 같은 자리에 서 있게 했다. 그랬더니 아무도 아이에게 관심을 보이지 않았고, 심지어 냉담한 반응을 보이는 사람들도 있었다.

외양을 보고 평가하거나 차별대우하는 행동은 세계 어디나 마찬가지인 듯하다. 그런데 특히 우리나라는 상대방이 어떤 차를 타는지, 어떤 브랜드의 옷을 입었는지, 어떤 시계나 액세서리를 했는지에 따라 평가하는 경향이 유독 강하다. 일부에서는 사람의 본질적인 가치에 집중하자는 이야기가 간혹 나오고는 있으나 여전히 우리나라 사람들은 겉으로는 아니라고 하면서도 속으로는 상대의 외형에 초점을 맞춘다. 간단하게 말해 적어도 한국에서는 사람의 외형이 번듯하면 대우해 주고, 그렇지 않으면 무시하는 상황이 비일비재하다는 것이다.

일부 사람들의 경우, 삶이 힘든 나머지 자신의 외양에 그다지 신경을 쓰지 않고 되는대로 입고 사회생활을 하는 경우가 목격되곤 한다. 항상 맡은 바 일을 성실히 하고 주위에 피해 입히지 않으려고 노력하는 사람이지만, 그저 옷을 대충 입고 다닌다는 이유로 주위의 냉담한 반응에 직면하게 된다.

혹자는 이렇게 이야기한다. '실력이 모든 것을 웅변한다'고 말이다. 맞는 이야기지만 외양을 부실하게 하고 다니면 실력이 있다 하더라도 실력을 선보일 기회조차 주어지지 않는 것이 현실이다.

오히려 상위 레벨 계층의 부자일수록 외면을 포장하는 데 신경쓰지 않는다고 한다. 이미 충분히 자신 있기 때문에 남의 시선을 개의치 않는 경지에 오른 것이다. 예를 들어 삼성의 이재용 회장이 경차를 타고 다닌다고 해서 그 누구도 이재용 회장이 없이 산다고 말하지 않는다.

약자는 안 그래도 약자라는 이유로 무시당하고 차별대우 받는 경우가 종종 발생하는데, 외형만으로 차별대우 받는 불합리함을 미연에 방지할 필요가 있다. 비싼 옷이나 액세서리를 착용하지 못할지라도 항상 상황에 맞는 옷차림, 단정한 외양 등을 유지할 필요가 있다. 그래야 주위에서 함부로 하지 못한다. 단정한 외형은 '뭔가 있는 사람이군' 하는 인상을 풍겨 처음부터 대놓고 무시당하는 일을 방지해 준다.

One More Point.

외양을 꾸밀 시간에 실력을 늘리는 데 집중하라는 이야기가 있다. 하지만 이런 이야기는 이미 일정 수준에 오른 사람들에게 해당된다. 바닥에서부터 출발해야 하는 경우라면 어쩔 수 없이 있어 보여야 한다. 그래야 무시당하지 않고, 기회를 만나는 순간도 상대적으로 증가할 수 있다.

80장

가식적인 삶 ②
힘든 마음을 내색하지 않는 법

인내란 참을 수 없는 것을 참는 것.

-사마의

　참 힘든 게 세상살이다. 자신의 힘만으로는 해결하기 벅찬 일들이 왜 그렇게 많이 생기는지 모르겠다. 하나를 해결하면 또 다른 문제가 닥쳐오고 때때로 아무 문제가 없이 행복한 시기가 잠깐 있나 싶더니 다시금 어려운 문제들이 부지불식간에 찾아오는가 하면, 아예 해결할 엄두도 못 낼 일들이 닥쳐오기도 한다.

　힘든 일이 닥치면 자신도 모르게 힘들다는 표정이 얼굴에 나타나게 된다. 굳이 이야기하지 않아도 힘든 표정이 얼굴에 그늘을 드리우면, 주위에서 '저 사람 힘들구나' 하고 눈치껏 알 수 있다.

　이처럼 얼굴에 힘듦의 정도가 나타나는데, 이 힘듦의 정도가 사회적 약자에게는 더욱 심하게 나타나는 경향이 있다. 가진 기반이 빈약한 상황이라 같은 문제를 만나더라도 그 충격의 강도를 강하게 느끼게 된다.

예를 들어 월세 보증금 2,000만 원이 필요한 상황이라면, 일반 직장인의 경우는 투덜대더라도 이를 해결해 내기가 상대적으로 쉬우나, 경제적 약자의 경우는 보증금을 구할 방법이 없기에 힘듦의 강도가 매우 클 수 있다.

그런데 약자일수록 힘든 내색을 하지 말아야 한다는 역설이 생기게 된다. 사람 인심이라는 것이 참 요상하다. 진짜로 힘든 사람은 외면하는데 좀 될 만하다 싶은 사람은 도와주는 경우가 많기 때문이다.

많은 사람들이 자신이 힘든 처지에 있다고 생각한다. 세상에서 가장 힘들고 불행한 사람이 자신이라고 생각하는 사람들도 있다. 나도 힘들어 죽겠는데 옆에서 죽을상을 하고 있는 사람이 있다면 그에게서 멀어지고 싶은 것이 인지상정이다. 조금이나마 다른 이의 도움을 받아야만 하는 약자의 입장에서는 힘든 내색을 함으로써 오히려 도움을 받을 수 있는 기회와 멀어지는 결과를 낳고 만다.

물론 약자의 어려운 상황을 알아주고 도움을 주는 천사 같은 사람들도 존재하지만, 그런 사람을 만날 기회가 얼마나 있겠는가? 이 글을 쓰는 나 자신조차 그런 선한 사람이 될 수 있을지 자신이 없다.

약자의 경우 힘들지라도 오히려 긍정적인 모습을 보이는 것이 도움의 손길을 받는 확률을 높이는 방법이다. 힘든 상황에서 도움을 얻으려면 평안한 얼굴을 하고(속에서는 힘들어 죽겠다는 마음이 요동칠지라도), "제가 그럭저럭 잘 지내고 있는데 이런 부분이 조금 문제가 있네요" 정도의 포지셔닝을 할 필요가 있다. 그래야 주위에서 부담 없이 도움을 주려고 다가오지, 한숨을 쉬고, 찌푸린 얼굴을 하고 있다면 누구도 도움은커녕 다가오지도 않을 것이기 때문이다.

One More Point.

힘든 내색을 하지 않고, 아무 일도 없는 것처럼 행동하기란 말처럼 쉽지 않다. 지치고 힘든데 어떻게 평안한 얼굴을 유지할 수 있다는 말인가? 그렇지만 오히려 힘든 사람을 외면하는 경우가 많기에, 주위의 도움을 얻고 싶다면 전략적으로 힘든 내색을 하지 말아야 한다. 그래야 문제해결 기회를 한 번이라도 더 얻을 수 있다.

81장

약자가 살아남는 법 ①
도덕책의 삶

도덕은 인생의 나침반과 같다.

-헬렌 켈러

'유전무죄 무전유죄'라는 말이 있다. 돈 있는 사람은 죄가 없고, 돈 없는 사람은 죄가 있다는 말이며, 같은 범죄를 저지르고도 사회적 위치에 따라 처벌 강도가 달라지는 세태를 풍자한 말이다. 대한민국 헌법에 '국민은 모두가 평등하다'는 내용을 명시해 놓았음에도 불구하고, 우리는 언제나 '유전무죄 무전유죄'를 목격하고 있으며, 특히 일반인이나 약자의 경우 '무전유죄'의 파급력을 절감하고 있다.

소위 가진 자들은 자신을 방어할 수 있는 많은 수단을 보유하고 있지만, 보통의 경우에는 일단 사건에 휘말리면 자신을 지킬 수단이 없는 것이 일반적이다. 그러나 보니 타인의 일방적인 주장에도 쉽사리 대응하지 못해 경찰이나 사법부의 일방적인 판단에 저항도 못하고, 불평등한 상황에 그대로 노출되어 버리는 상황이다.

'힘 있는 자'가 범죄 행위를 저질렀을 경우 굴지의 로펌들이 달라붙어 온갖 사유를 들어 판결을 지연하고, 형량을 최소화하기 위해 수단과 방법을 가리지 않는다. 실례로 고위공직자나 국회의원 등이 판결에서 실형을 받는 예는 거의 없다. 유죄가 입증되어도 선고유예 또는 집행유예로 실질적인 사면을 받는 경우가 많으며, 만약 실형이 집행되어도 조금 있다가 형집행정지나 사면으로 구현된 판결에서 빠져나온다.

그런데 일반인의 경우 힘 있는 자가 저지른 범죄의 크기에 비하면 너무나 소소한데도(그렇다고 범죄 행위 자체를 옹호하는 것은 아니지만) 형량의 선고는 매우 빠르고 그 무게도 상당하다. 만약 한순간의 실수로 범죄 행위를 한 후, 선고받은 형량을 다 채우고 다시 사회로 돌아온다 할지라도 남아 있는 전과기록 등으로 인해 정상적인 사회 복귀가 불가능하다고 보아야 한다.

도와줄 배경이나 모아둔 돈도 없기에 무엇보다도 분쟁이나 갈등에 휘말리지 않는 것이 상책이다. 하지만 살다 보면 어떤 경우에라도 원하지 않는 분쟁에 휘말리고 마는 것이 일반적이기에 분쟁을 피하기 위해서는 자신을 지키는 삶을 살아가야 한다.

자신을 지키는 삶이란, 과도한 욕심을 부리지 않고, 타인에게 무엇을 얻으려 하지 않고 상생의 길을 찾으며, 남을 먼저 배려하고, 타인을 탓하기보다는 자신의 부족함을 먼저 점검하는 등의 내공을 늘리는 데 집중하는 삶을 의미한다. 일부 독자들의 경우 이 글을 보면서 '투쟁하지 않으면 바로 밀려버리는 현대사회에서 무슨 도덕책에 나오는 이야기를 하고 있냐?'고 할 수 있다. 맞다. 도덕책 이야기가 맞다. 하지만 지금 우리가 직면한 현실을 이야기하는 중이다.

평소 예의범절이 바른 삶을 살면 타인에 대한 배려를 보여주기에 분쟁에 휘말릴 확률이 확연히 줄어들고, 혹 분쟁에 휘말려도 쌓아두었던 인덕 덕분에 주위에서 도움을 주거나 입장을 대변해 주는 사람들이 나타난다. 그런 관계로 최악의 상황까지는 가지 않는다.

이 사회는 약자들에게 더욱 가혹하면 가혹했지, 배려해 주는 분위기는 결코 아니다. 약자가 사회에 대해 불만을 표출하고, 타인을 비방해 보았자 자신에게 가중되는 손해가 더욱 커지기 때문에 역설적으로 약자일수록 도덕적으로 살아야 한다.

One More Point.

약자는 한번 분쟁이나 갈등에 휘말리면 회복이 쉽지 않다. 그렇기에 가식적일지라도 올바른 삶의 태도를 견지해야 한다. 당연한 이야기지만 올바른 태도를 유지해 나간다면 분쟁을 피할 수 있을 뿐만 아니라, 예상치 못한 도움도 받을 수 있다.

82장

약자가 살아남는 법 ②
사람 가려 만나기

가는 말이 고와야 오는 말이 곱다.
-우리나라 속담

'인맥을 넓혀라', '네트워크를 확보하라' 등의 이야기가 많다. 인맥人脈이란 취업, 승진, 자영업 등과 관련하여 일자리나 직장에 대한 도움을 주고받을 수 있는 인간관계를 의미한다. 서구에서는 인맥을 '네트워크'라 칭한다. 현대사회에서 인맥을 만드는 여러 가지 기준이 있겠지만, 그중 1순위는 '상대방이 나에게 이익이 될 것인가, 아닌가'일 것이다.

상대방이 나에게 주는 이익에는 무엇이 있을까? 배려·응원·조언 등 삶의 지혜일 수도 있고, 내게 절실한 금전적인 필요를 채워주는 제안일 수도 있다. 사람과의 만남을 통해 삶의 지혜와 금전적인 필요 둘 다 채울 수 있으면 좋겠지만, 하나만 충족되어도 충분하다. 대부분은 금전적인 필요를 제공해 주는 사람과의 만남을 선호한다.

그런데 약자의 경우는 사람을 만나거나 인맥을 형성하는 데 있어 어떤 점을 우선시해야 할까?

약자들이 선호하는 사람의 유형은 두 가지로 압축 가능하다. 첫 번째 유형은 자신과 비슷한 처지에 있는 사람, 두 번째는 자신을 끌어줄 수 있는 높은 지위에 있는 사람이다.

우선, 자신과 비슷한 지위에 있는 사람들을 주로 만나는 편이다. 자신보다 뛰어난 사람을 만날 기회가 주어지지 않아서이기도 하지만, 실상은 비슷한 처지의 사람을 보면서 자기 위안을 삼는다. 그렇다 보니 인맥이 거기서 거기인 경우가 대다수이다.

그리고 드문 경우 운이 좋아 사회적 지위나 경제적 지위가 높은 사람을 알게 되는 경우가 있다. 빠른 시간 내에 일어서기 위해서는 누군가가 잠재력을 알아봐 주고 그에 걸맞은 기회를 부여해 주어야만 한다. 그렇기에 이와 같은 만남은 급행열차를 타는 행운과 같다.

그런데 여기서 한 가지 생각할 문제가 있다. 나와 비슷하든 아니든 간에 사람을 만나는 데 있어 절대적인 기준이 존재한다. 그것은 지갑의 두께가 아닌 품성 및 태도다.

어려운 처지에 있더라도, 품성이 바르며 상대방을 배려하는 사람의 경우 금전적인 이익이 없을지라도 만남을 통해 약자에게 위안을 주고, 용기를 불러일으킨다. 그냥 마음이 잘 맞는다고 해서 서로 간의 개똥철학을 나누며, 어려운 처지를 한탄하는 만남만 갖는다면 만남의 시간은 즐거울지 모르지만 '시간낭비'일 뿐이며, 발전의 기회를 찾기 어렵다.

또한, 사회적으로 인정을 받는 사람이라 할지라도 품성과 태도가 좋지 않은 경우가 있다. 좋은 사람이 아님을 알면서도 혹시나 콩고물이라도 떨어질까 봐, 아니면 다른 수단이 없기 때문에 인정받는 강자 옆에 있으려고 하지만 좋은 결말이 나오는 경우를 거의 못 보았다. 강자에게 인정받기 위해 기를 쓰고 노력하지만 결국 아무것도 얻지 못하고 쓰임만 당한 채 팽당하는 경우가 종종 있는 것이 현실이다.

아무리 사회적으로 저명한 인사라고 할지라도 품성과 태도가 기준치에 미달한다면 내가 얻을 이익이 눈에 보일지라도 바로 떨치고 나와야 한다. 이익을 얻을지도 모르지만 그 이익을 얻기 위해 감당해야 할 희생이 너무 크기 때문이다.

만남은 소중한 것이다. 사람의 가치를 일일이 따지는 것은 어쩌면 무의미할지도 모른다. 그럼에도 불구하고 품성과 태도를 따져서 가려 만나야만 한다는 결론은 동일하다.

One More Point.

당연하지만 중요한 이야기가 있다. 사람을 가려 만나기 전에 자신이 만날 가치가 있는 사람이 먼저 되어야 한다. 내가 준비되지 않았는데, 품성과 태도를 논한다면, 그건 욕심이다.

83장

약자가 살아남는 법 ③
자존심 내려놓기

상놈이 가마를 타면 종(노비)을 앞세우고 싶다.
-우리나라 속담

'자존심에 살고 자존심에 죽는다.'

의외로 이런 삶의 신조를 가진 사람들이 꽤 많다. 남들보다 우월하고 싶으며, 자신이 나은 면을 끝내 찾아내어 주장하는 사람들의 경우인데, 이런 사람들을 마냥 비난만 할 수는 없다. 우리는 누구나가 남들보다 우월하고 싶다는 속마음을 가지고 있기 때문이다.

'자존심'은 남에게 굽히지 않고 자신의 품위를 스스로 지키는 마음이다. 이는 타인에게 존중받고자 하는 마음으로 재해석할 수 있다. 자존심을 가지는 것은 당연한 일인데 자존심을 세울 상황이 아님에도 자존심을 내세우는 '알량한 자존심' 때문에 사건사고에 직면하는 사람들이 꽤 된다.

이런 알량한 자존심은 약자들 사이에서 더 많이 목격된다. 약자들은 타인과의 비교가 많고, 마음이 상하면 쉽게 자존심을 내세우며 분위기를 어둡게 몰아간다. 상대적으로 상처를 많이 받다 보니 위안을 찾기 위한 자기방어 기제로 내세우기 때문이다.

흔히 사람의 가치를 판단할 때 '그 사람의 재산이 얼마나 되는가?' '그 사람의 사회적 지위는 어떻게 되는가?' '무엇을 입고 무엇을 타고 있는가?' 등의 물질적 기준을 적용한다. "우리가 사는 세상이 꼭 그렇지만은 않다" 하고 주장해 보지만 물질주의가 만연한 현 사회에서는 공허한 외침일 뿐이다.

사회의 불합리한 현실은 약자의 자존심에 불을 붙인다. 타인에게 무시당하지 않고 자신의 품위를 지키기 위해 자신의 수준에 맞지 않는 소비를 하거나 허세에 빠지게 된다. 소득 수준에 맞지 않는 외제차를 구매해서 고생하는 '카푸어', 인스타에 자랑할 명품 소비로 인해 생활고에 빠지는 '명품 푸어', '나는 누구와 잘 안다'면서 실제 벌지도 못하면서 '나는 얼마 번다'고 인증하는 관종 등 조금만 시간이 지나면 다 드러날 사안인데 불나방처럼 자존심을 채우기 위해 노력을 경주한다. 그리고 장렬히 산화하는데, 산화한 후에 다시는 일어설 수 없게 되고 만다.

그러면 '우리는 자존심을 세우면 안 되는가?' 하는 질문이 생기게 된다. 슬픈 현실이지만 약자일수록 남을 존중해 줄지언정 타인에게 존중받기를 그리 기대해서는 안 된다. 내가 약자인데 나를 존중해줄 사람이 그리 많을까? 약자일수록 자기 자신에 대해서 냉철해야 한다. 자신의 현실과 위치를 인정하고, 타인과의 비교에서 벗어나야 하며, 온전히 자기 자신만을 바라보아야 한다. 쓸데없는 자존심을 내세워 섣불리 자신을 과장하여 드러냈다가는 본전 찾기도 어려워질 수 있다.

'재능을 밖으로 드러내지 않고 인내하면서 때를 기다린다'는 뜻을 가진 도광양회韜光養晦라는 고사성어가 있다. 약자의 경우 아직 힘이 미약하기에 미성숙한 상태에서 자신을 드러낸즉 바로 강자들에게 잡아먹히거나 자신을 지탱하지 못해 쓰러지는 경우가 생기게 된다. 힘이 없다면 어쩔 수 없이 굽혀야만 한다. 그리고 자존심을 내세우기보다는 칼을 갈면서 자신의 역량을 채워나가는 데 집중해야 한다.

✹ One More Point.

현실에 맞추어 하나씩 계단을 오르다 보면 현재의 굴레에서 벗어나는 때가 오게 될 것이다. 자존심은 바로 그때 세우는 것이다!

84장

약자가 살아남는 법 ④
조급해 하지 말 것

노력의 가장 큰 보상은 결과가 아니라,
그 과정을 통해 자신이 어떻게 변화했느냐에 있다.

-존 러스킨

한국인은 조급하다. 항상 빨리 업무를 처리해야 하고, 빠른 결과를 보아야 한다. 그리고 빨리 성공해야 한다는 강박증 또한 가지고 있다. 남들은 다 성공하는데 나만 뒤처지는 것 같아 조급함이 심해진다. 그런데 이러한 조급함은 약자일수록 강하게 나타난다.

약자는 바닥에서 시작해야 하기 때문에 성취를 이루었다고 해도 성공한 사람들이 이룬 것에 비하면 그 성취가 빈약해 보인다. 예를 들어 약자가 어떤 일을 성공적으로 수행해서 몇백만 원 정도의 수익을 올렸는데, 주위에서는 주식으로 얼마를 벌었다느니, 어떤 이는 사업소득이 얼마니 하는 소리가 들린다. 자기 딴에는 많이 벌었다고 생각했지만 금방 좌절하고 만다.

약자는 자신의 처지를 보면서 생각한다. '목표로 하는 경제적 자유를 이루기 위해서는 지금의 소득과 자금 등이 쌓이는 속도를 감안해야 하는데, 결국 답이 보이지 않는다.' 그리고 마음이 조급해진다. '이렇게 해서 언제 성공하겠는가?' '어떻게 남들처럼 잘 살아보겠는가?' 그래서 상황을 타개하기 위한 방법으로 단 한 번의 승부를 노린다. 예를 들어 무리한 대출을 일으켜 급등주에 투자를 한다거나, 땅값이 오른다는 루머를 듣고 해당 지역에 무리한 갭투자를 하는 등 건곤일척의 승부수를 던진다. 그리고 그 결과는 패가망신인 경우가 많다.

약자가 앞서가 있는 다른 이들을 단기간에 따라잡는 방법은 존재하지 않는다. 다만 성공자라고 불리는 사람들과의 거리를 묵묵히 좁혀나가는 것 외에는 방법이 없다. 그리고 그 과정은 어쩔 수 없이 많은 시간이 소요되게 마련이다. 유튜브나 블로그 광고 매체들을 보면 '이렇게 하면 월 천 벌 수 있다', '이렇게 하면 빨리 성공할 수 있다'고 하지만 정작 그렇게 빠르게 성공했다는 사람을 만나기란 하늘의 별 따기만큼 어렵다. 한 번에 성공하는 법은 없기에 노력한 만큼의 성취를 얻기 힘든 약자 입장에서는 성공으로 가는 데 소요되는 시간이 상대적으로 길 수밖에 없다. 이를 인정해야만 한다.

하던 일이 엎어지기도 하고, 목표가 있었지만 이루어지지 않고, 생각지도 않던 엉뚱한 분야에서 일해야만 하고, 지금 하는 일에 비전이 보이지 않는 등 수많은 벽을 만나게 된다. 이러니 원하는 성공의 길은 보이지 않고 지금의 힘든 과정이 언제 끝날지도 모른다는 불안감이 엄습한다. 하지만 지금보다 나은 삶을 살겠다는 의지를 가지고 있는 한,

어떤 계기가 오기 마련이다. 지금은 결과가 나오지 않더라고 삶의 디딤돌을 쌓느라 시간이 걸릴지언정 어느 순간 임계점을 돌파하게 된다. 임계점을 돌파하여 노력의 과실을 수확하는 때는 분명히 온다. 다만, 그때까지 포기하지 않고 계속 도전한 자에게만 수확의 기회가 돌아가게 될 것이다.

One More Point.

당장 되는 것이 없다고 실망하지 말고 지금 하고 있는 일에 충실해야 한다. 그리고 원하는 결과가 빨리 나오지 않는다고 실망하지 말고 긴 호흡으로 삶을 살아나가야 한다. 희망 버리지 않기, 조급증을 버리고 천천히 자신의 길을 걸어가기. 이렇게 하면 분명히 원하는 목표에 도달할 것이다.

85장

약자가 살아남는 법 ⑤
자신에 대한 위로는 그만!

봄은 항상 겨울 뒤에 온다.
-프랑스 속담

'일단 유명해져라. 그러면 당신이 똥을 싸더라도 사람들이 박수를 쳐줄 것이다(Be famous and they will give you tremendous applause when you are actually pooping).'

이 문장은 팝 아트의 선구자로 추앙받는 앤디 워홀이 한 말로 알려져 있다. 그런데 실제로 앤디 워홀은 절대 이런 말을 한 적이 없다고 한다. 진실은 모르겠지만 유명해지는 것의 위력을 잘 표현한 말이다.

한때 마음의 치유와 관련된 트렌드가 유행한 적이 있었다. '~해도 괜찮아', '나를 위한 선물', '지금까지 잘해 왔어', '토닥토닥' 등 삶에 지친 사람들을 위로하는 여러 가지 키워드들이 온라인에 등장했고 지금도 무수히 나타나고 있다.

약자는 여기저기 치이는 데가 많으니 자신을 위로하고 싶어 한다.

누가 약자인 자신을 소중히 대해 주기를 원하고, 누군가가 "잘하고 있다"고 칭찬의 말을 해주기를 바란다. 이러한 마음의 결과로 자신에게 주는 선물로 수입 대비 비싼 여행을 가기도 하고, TV의 힐링 프로그램에 열광하거나, 마음챙김 프로그램에 등록하기도 한다. 자신의 소중함을 확인받는 여러 가지 활동을 하는 것이다.

그런데 이런 마음가짐이나 활동들이 진정 자신을 소중히 여기는 방법일까?

예전에 내 경우 직장에서 너무 힘이 든 나머지 번아웃이 온 적이 있었다. 강도 높은 업무, 개인 사정은 일절 봐주지 않는 삭막한 문화 등에 지쳐서 '이대로는 안 되겠다!' 하고 자신을 치유하고자 소위 말하는 힐링 프로그램에 참여했다. 해당 프로그램에서는 호스트가 주재하는 여러 가지 단계들이 있었는데, 이를 아주 간단하게 정리하자면 '자신을 소중히 여기는 방법'을 배우는 과정이었다. 분명히 무언가 마음이 후련해지는 것 같고 위로받았다는 느낌이 들었다. 효과를 부정할 수 없었던 것이다. 그런데 나 자신의 감정을 쏟아내고 위로를 받은 것까지는 좋았는데, 프로그램 후 회사로 돌아온 내가 직면한 현실에는 변함이 없었다. 기껏 힐링하고 왔지만 처리해야만 하는 강도 높은 업무, 관계의 어려움은 아무것도 해결되지 않았다. 나를 소중히 여기기를 통해 자존감을 한껏 끌어올리기는 했는데, 사회는 여전히 나의 소중함을 알아주지 않았던 것이다.

다시 생각해 본다. 진정 '자신을 소중히 한다'는 것이 무엇을 의미하는지. 자신을 소중히 대하고 위로한다고 해서 잠깐의 해방감은 가질 수 있겠지만, 현실은 변하지 않고 계속된다. 이런 상황에서 우리는 무엇을 해야만 할까? 계속 자신을 토닥여야 할까? 아니면 또 다른 힐링 프로그램에 참여하거나 여러 채널에서 방영되는 힐링물을 보면서 마음의 위안을 추구해야만 할까?

이런 선택들이 나쁘다는 이야기가 아니다. 잠시 삶을 멈추고 호흡을 고를 필요가 있다.

하지만 '누가 나를 좀 위로해줘', '나 그냥 이렇게 살래' 등의 태도는 궁극적으로 자신을 소중히 하는 방법이 아닌 것 같다. 회피는 답이 아니다. 세상의 어려운 일들은 잠시 피한다고 해서 사라지는 것이 아니기 때문이다.

약자인 우리는 자신에 대한 위로는 잠시만 하고 거창하게 말해 세상에 맞서 싸울 준비를 해야 한다. 역량을 키우고, 실력을 기르고, 타인의 비아냥을 견뎌낼 수 있는 내성을 쌓아가는 태도와 행동들이 나 자신을 강하게 하고, 세상으로부터 나를 지켜낼 수 있을 것이다.

✺ One More Point.

세상은 변하지 않는다. 바로 내가 변해야 한다. 역량을 기르는 것이 진정 나를 소중히 하는 방법이 아닐까 한다. 나 자신이 나를 지키지 못하는데 "나는 소중하다"고 외쳐보았자 무슨 소용이 있겠는가?

86장

약자의 롤모델 ①
들장미 소녀 캔디
(항상 긍정적인 모습)

―

오늘 할 수 있는 일에 전력을 다하라. 그러면 내일에는 한 걸음 더 진보한다.
-뉴턴

    추억의 명작 애니메이션 〈들장미 소녀 캔디〉를 기억하는가? 원작지 일본뿐만 아니라 우리나라에서도 공전의 히트를 기록한 만화인데, 그 인기는 거의 신드롬 수준이었다. 문구점에 가면 캔디 학용품 등 문구류에 캔디만 붙어 있으면 여학생들이 불티나게 구매하는, 그 시대의 트렌드 세팅 아이템이라고 해도 과언이 아니었다.

    캔디는 '외로워도 슬퍼도 나는 안 울어. 참고 참고 또 참지 울긴 왜 울어. 웃으면서 달려보자'(후략) 하는 주제가로도 유명하다. 이 노래가 캔디의 주제가라는 사실은 몰라도 대부분 한 번은 들어보았을 정도로 대박을 친 드문 경우이다.

    캔디의 줄거리는 다음과 같다(위키백과 인용).

    캔디는 20세기 초 제1차 세계대전을 전후로 하는 시기를 배경으로,

미국 중남부 및 영국을 무대로 매사에 밝고 긍정적인 고아 소녀 캔디가 주변 사람들의 편견과 고달픈 생활 속에서도 용기를 잃지 않고 성장해 가는 내용이다. 캔디에 대한 묘사를 조금 더 살펴보면, 캔디의 본명은 캔디스 화이트 아드레이로, 미국의 고아원 '포니의 집'에서 자란 말괄량이 소녀로 밝고 천진난만한 성격으로 타인들에게 괴롭힘을 당해도, 가혹한 운명을 만나도 언제나 긍정적이고 굽히지 않는 자세로 본인의 운명을 개척해 나간다.

덤으로 캔디는 성장 만화이자 로맨스 만화로 캔디가 의도치는 않았지만 멋진 남자들이 주변에서 맴도는 상황도 묘사되어 있다.

캔디의 주제가 안에 약자가 평소에 취해야 할 생활 티도가 녹아 있다. '힘들어도 항상 밝은 모습을 외부에 보이는 것'이다. 집에 돌아와서 괴롭다고 울고불고할지언정 외부에서는 꿋꿋한 모습을 보여야 한다. 간단한 예로 상대방이 약자인 나를 도와주고 싶은 마음이 있다 할지라도 만날 때마다 얼굴 찡그리고 신세 한탄만 하고 있다면 '돕고 싶다'는 마음은 깨끗이 사라져 버릴 것이기 때문이다.

반면 '분명히 저 사람 힘든 것 아는데 매번 얼굴이 밝고 긍정적이네~' 하는 인식을 타인에게 심어주면 '저 사람 저렇게 긍정적으로 열심히 사는데 도와주고 싶다'는 마음이 생길 수도 있다. 그러면 타인으로부터 작은 도움들을 받을 수 있고 작은 도움들이 쌓여 큰 줄기로 연결되는 경우도 기대할 수 있을 것이다.

캔디의 주변에는 어느덧 멋진 남자들이 모였고 마지막에 캔디는 사랑하는 사람과 이어진다. 만화의 내용일지라도 캔디가 성공하는 데에는 이유가 있다. 긍정적인 태도를 보이면 좋은 사람들을 만날 확률이 높아지고, 이를 통해 현재 상황을 타개할 결정적인 계기나 기회를 얻을 수도 있다.

약자는 외로워도 슬퍼도 울면 안 된다. 적어도 남 앞에서는. 약자는 항상 밝은 태도를 보여서 타인과 연결될 기회를 준비해야만 한다. 자신의 약함을 타인에게 쉽게 드러내는 순간 타인은 공감하고 위로할지는 몰라도 실질적인 도움은 철회할지도 모른다.

One More Point.

산타 할아버지도 우는 아이에겐 선물을 안 주신다.

[쉬어가는 이야기 ⑤]

사회에 들어서는 이를 위한 조언 (by 엘렌 코트/프랑스의 시인)

시작하라. 다시 또다시 시작하라.
모든 것을 한 입씩 물어뜯어 보라.
또 가끔 도보 여행을 떠나라.

자신에게 휘파람 부는 법을 가르치라. 거짓말도 배우고,
나이를 먹을수록 사람들은 너 자신의 이야기를
듣고 싶어 할 것이다. 그 이야기를 만들라.

돌들에게도 말을 걸고
달빛 아래 바다에서 헤엄도 쳐라.
죽는 법을 배워 두라.
빗속을 나체로 달려 보라.

일어나야 할 모든 일은 일어날 것이고
그 일들로부터 우리를 보호해 줄 것은 아무것도 없다.
흐르는 물 위에 가만히 누워 있어 보라.

그리고 아침에는 빵 대신 시를 먹으라.
완벽주의자가 되려 하지 말고
경험주의자가 되라.

인생 복리의 법칙

1판 1쇄 인쇄 2025년 8월 10일
1판 1쇄 발행 2025년 8월 20일

지은이 정석원
펴낸이 박현

펴낸곳 트러스트북스
등록번호 제2014 - 000225호
등록일자 2013년 12월 3일
주소 서울시 마포구 성미산로1길 5 백옥빌딩 202호
전화 (02) 322 - 3409
팩스 (02) 6933 - 6505
이메일 trustbooks@naver.com

ⓒ 정석원, 2025

이 책의 저작권은 저자에게 있습니다.
저자와 출판사의 허락없이 내용의 일부를 인용하거나 발췌하는 것을 금합니다.

값 18,000원
ISBN 979-11-92218-87-8 (03100)

> 믿고 보는 책, 트러스트북스는 독자 여러분의 의견을 소중히 여기며,
> 출판에 뜻이 있는 분들의 원고를 기다리고 있습니다.